Waldemar Thomas

Rheinland-Pfalz kocht für Gäste und Feste

Gerichte mit Geschichten

G. Braun Buchverlag

G.BRAUN BUCHVERLAG
Karlsruhe
www.gbraun-buchverlag.de

Redaktion: Karin Hässelbarth und
Christine Poulet, SWR4 Mainz
Satz: Ariane Sohn, Stuttgart

Innentitel: „Bratenträger Eusebius", Ausschnitt aus dem so genannten Mysterienmosaik, Trier, 3./4. Jh. n. Chr.

ISBN 3-7650-8294-5

Bildnachweis:

Archiv G. Braun Buchverlag, Karlsruhe: 4-7, 17, 21, 22, 33, 34, 35, 39, 41, 46, 59, 62, 67, 73, 75, 81, 82, 85, 91
Badische Landesbibliothek, Karlsruhe: 19, 23, 31, 32, 37, 38, 43, 50, 57, 58, 83, 88, 93
Rolf Bäppler, Lindenberg: 12 oben, 13 unten, 20
Michael Bauer, Baden-Baden: 10/11, 14, 15, 18, 24-27, 29, 30, 44, 47, 49, 55, 61, 64-66, 70, 72, 79, 80, 84, 87, 94, 96
Gerhard Bäuerle, Gärtringen: 42, 56, 71
CMA, Bonn: 69
Robert Dreikluft, Karlsruhe: 28
Michael Ganz, Karlsruhe: 78
Steffen Harms/Tanja Velivello, Karlsruhe: Umschlag
Thomas Kaiser, Schwanau: 51, 53, 76
Knorr, Hamburg: 16
Museum für Kunst und Gewerbe, Hamburg: 68
Oryza, Hamburg: 40
Okapia Bildagentur, Frankfurt: 60
Privatbesitz: 36
Rheinisches Landesmuseum, Trier/Th. Zühmer: 1
Hans-Peter Schaub, Hamm: 8/9, 12 unten, 13 oben
Reiner Steinmetz, Rheinstetten: 52, 63

Verzeichnis der Rezepte

jeweils für 4 Personen

Verzeichnis der Rezepte

jeweils für 4 Personen

Geflügel und Wild

Schwein, Rind, Kalb, Lamm

Verzeichnis der Rezepte

jeweils für 4 Personen

Verzeichnis der Rezepte

jeweils für 4 Personen

Vorwort

Die Rezepte des SWR4 Kochclubs sind begehrt. Monat für Monat werden sie 80000-mal im Internet aufgerufen. Kochtipps sind fester Bestandteil des Programms von SWR4 Rheinland-Pfalz.

Nach dem großen Erfolg des ersten SWR4-Kochbuchs „Rheinland-Pfalz wie es kocht und backt“ haben SWR4-Hörerinnen und -Hörer jetzt ihre Rezepte für besondere Anlässe verraten. Dazu Geschichten und Begebenheiten um diese leckeren Gerichte, die es in Rheinland-Pfalz bei Festen, Jubiläen und bei besonderen Anlässen gibt. SWR4-Gourmet Waldemar Thomas hat Gerichte und Geschichten getestet. Es sind lustige, nachdenkliche, auch abenteuerliche Anekdoten, die den Rezepten eine besondere Würze geben. Und die Gerichte schmecken natürlich. Es lohnt sich, die kulinarischen Köstlichkeiten nachzukochen. Dabei wünsche ich Ihnen viel Vergnügen.

Wolfhard Klein
Programmchef SWR4 Rheinland-Pfalz

Wie die Rheinland-Pfälzer ihre Gäste bewirten

Man muss die Feste feiern, wie sie fallen, heißt es. Und zum Kern eines jeden Festes gehört das Festessen. Jedes gelungene Mahl, und sei es aus dem Stegreif, kann sich zum Fest auswachsen, aber ein Fest ohne Festessen ist nicht denkbar. Es gleiche, schreibt Christian Graf von Krockow, „einer Rose ohne Duft, einem Leben ohne Hoffnung und ohne Liebe".

Die SWR4-Hörer verstehen offenbar zu feiern und Gäste zu bewirten, wie die schöne Fülle an eingesandten Rezepten und dazu passenden Geschichten zeigt. Besonders bei jahreszeitlichen Anlässen. Sei es „Königlicher Bauernsalat" zur Spargelzeit; Gänseblümchensalat mit Käse im Frühling; Gefüllte Schweinebrust zur Kirchweih im Sommer; feine, wärmende Maronensuppe an unwirtlichen Herbsttagen; nicht zu vergessen Weihnachtssalat (mit Hering).

Egal ob Frühling, Sommer, Herbst oder Winter - Rinderbrühe darf dagegen bei keinem festlichen Anlass fehlen. Nicht zuletzt bestimmt die Einlage den festlichen Charakter, seien es Eierschwämmchen oder Markklößchen. Die Jüngeren stellen bei thailändischer Hühnersuppe mit Kokos ihre Weltläufigkeit unter Beweis.

Wie nicht anders zu erwarten, werden auch Paradegerichte stolz präsentiert, die so richtig Arbeit machen, welche (hoffentlich) von den Gästen auch gewürdigt wird. Räucherforellen-Tarte oder Jagdpastete „Kaiser Wilhelm" sind beredte Beispiele.

Schön ist auch, dass der rheinland-pfälzische Spitzenkoch vertreten ist. Dies umso mehr, als Helmut Thieltges,

Im ländlich geprägten Rheinland-Pfalz reifen wohlschmeckende Rebsorten heran, die zu kräftigen Weinen gekeltert werden. Ein leckerer rheinland-pfälzischer Wein darf bei keinem Festessen fehlen. Bei einigen Gerichten ist er sogar unerlässlicher Bestandteil des Rezeptes.

Küchenchef und Patron des „Waldhotel Sonnora" in Dreis bei Wittlich in der Eifel, das Gegenteil eines publicitybewussten Medienstars darstellt. Weder tritt er in einer eigenen Sendung im Fernsehen auf noch existiert auch nur ein einziges Kochbuch aus seiner Feder. Der mit drei Sternen im Guide Michelin (als eines von nur fünf Häusern in Deutschland) ausgezeichnete, stille Virtuose hat sich mit zwei Rezepten beteiligt, und sowohl „Seezungenfilets mit Weißkohl und milder Kümmelsauce" als auch „Quarksoufflé mit geliertem Mispelkompott" lassen sich leicht nachkochen. Wer sich zu Hause daran macht, kann seine Gäste mit Drei-Sterne-Gerichten überraschen.

Nicht selten kommen bei einem Festessen Gerichte auf den Tisch, wie es sie sonst nie zu essen gibt. Auch schon mal aparter Fisch wie Rote Meerbarbe zum Beispiel. Dazu hat Gunter Schmidt vom Restaurant Backmulde in Speyer ein schönes Rezept eingesandt. Wer dagegen über so gute Beziehungen zu Jägern verfügt wie Egon Kreuzer aus Niederirsen, kann mit Wildschweinleber Eindruck machen. Überhaupt spielt im ländlich geprägten Rheinland-Pfalz bei Festessen Wild eine große Rolle.

Dass es, jahraus, jahrein, anlässlich eines bestimmten Festes immer das gleiche Essen gibt, diese schöne Tradition scheint, vom Weihnachtsessen vielleicht abgesehen, leider aus der Mode gekommen zu sein. Umso erfreulicher, dass Karin Seul aus Monreal in der Eifel von der alljährlichen Gefüllten Schweinebrust erzählt, die ihre Schwiegermutter immer zur Kirmes zuzubereiten pflegte. Wenn solche Geschichten dazu ermunterten, kulinarische Traditionen wieder neu zu begründen, so wäre dies ein schöner Nebeneffekt.

Beim Weihnachtsessen aber sind die Traditionen, wie gesagt, durchaus noch lebendig. Dass es da nicht nur Reh oder Gans oder Ente sein kann, sondern auch mal ein „undeutscher“ Festbraten wie Lammkeule, davon erzählt Roswitha Schäfer aus Obermoschel.

Ob da ein weiteres Mal die Nähe zu unseren „essbesessenen“ westlichen Nachbarn eine Rolle spielt? Ausdrücklich trifft dies bei dem Geburtstagsmenü zu, mit dem sich Gertrud Kriesamer aus Konz bei Trier beteiligt hat.

Auch die beiden weiteren Menüs, welche das Buch enthält, sind Ausdruck ausgeprägter Lebensfreude wie auch Spaß am Essen und Trinken zusammen mit guten Freunden und zeigen so richtig:

Rheinland-Pfalz kocht für Gäste und Feste.

Ob auf den Feldern im großen Stil angebaut wird oder im heimischen Bauerngarten querbeet von allem ein bisschen – in Rheinland-Pfalz weiß man die Qualität eigener Produkte zu schätzen. Für viele Rezepte kann man die Zutaten im eigenen Garten finden.

„Orchestersuppe“ oder Tomaten-Zucchini-Cremesuppe

4 Tomaten
2 kleine Zucchini
1-2 altbackene Brötchen
1 Zwiebel
Olivenöl
1 l Gemüsebrühe
nach Belieben: Kräutersalz, Muskat, einige Spritzer Tabasco
1 Becher Schmand
1 TL getrockneter Thymian
Salz, Pfeffer,
frisches Basilikum oder Petersilie

Angelika Klante-Hamm aus Stadecken-Elsheim mag Orchestersuppe, unmusikalische Gemüter nennen sie Tomaten-Zucchini-Cremesuppe.

Tomaten und Zucchini schälen und würfeln, die Brötchen würfeln und in warmem Wasser einweichen. Die geschälte und gehackte Zwiebel in einem Suppentopf im heißen Olivenöl andünsten. Gemüse zufügen, mit 1/4 l Wasser auffüllen, die ausgedrückten Brötchenwürfel hineingeben und zum Kochen bringen (eventuell im Schnellkochtopf). Die Suppe durch die „Flotte Lotte“ passieren, Gemüsebrühe zufügen, nach Belieben würzen und zugedeckt auf kleiner Flamme einige Minuten ziehen lassen. Den Schmand unterrühren und mit gehackten, frischen Kräutern bestreut servieren. Dazu schmeckt frisches Weißbrot.

Ich spiele in einem sinfonischen Blasorchester mit rund fünfzig Musikerinnen. Ein Probe-Wochenende war angesetzt und die erste Vorsitzende bat: „Bringt bitte etwas zu essen mit!“ Aber was, wenn man selbst musiziert, berufstätig ist und eine Familie zu versorgen hat? Es musste etwas Unkompliziertes sein, eine „schnelle Suppe“. Am Tag der Probe konnte der Suppentopf gut im Wasserbad warm gehalten werden. Denn: Dirigenten sind unberechenbar und bestimmen über Proben und Pausen je nach Laune. So aber war die Suppe jederzeit zum Verzehr bereit, was ihr den Namen „Orchestersuppe“ einbrachte.

Rotkohlsüppchen à la Claudia

200 g	frischer Rotkohl
	Salz
50 g	Zucker
50 ml	Weißweinessig
50 g	ungesalzener Speck
2	Schalotten
50 ml	Rotwein
50 ml	Portwein
350 ml	Fleischbrühe
1	Apfel
1	Zwiebel
1	Lorbeerblatt
3	Nelken
100 ml	Sahne
2 TL	schwarzes Johannisbeergelee
	Kerbel zum Garnieren

Bernhard Rotter aus Frechen präsentiert sein Rezept mit berechtigtem Stolz:

Den Rotkohl klein schneiden, mit Salz, Zucker und Essig marinieren und so lange vermengen, bis sich Flüssigkeit bildet. Den Speck und die Schalotten in ganz kleine Würfel schneiden. Den Speck auslassen, die Schalotten darin glasig dünsten, den Rotkohl zugeben, mit dem Rotwein und dem Portwein ablöschen und mit der Fleischbrühe auffüllen. Den geschälten und gewürfelten Apfel zugeben. Die Zwiebel mit dem Lorbeerblatt und den Nelken spicken und zum Kraut geben. Das Rotkraut ca. 40 Minuten kochen, bis es schön weich ist. Dann die gespickte Zwiebel entfernen. Das Kraut pürieren und, wenn nötig, noch etwas Fleischbrühe hinzugeben.
Die Sahne etwas anschlagen und mit dem Johannisbeergelee zu dem pürierten Rotkraut geben, kurz durchkochen und mit Salz, Zucker und Essig abschmecken. Vor dem Anrichten die Suppe mit dem Mixstab aufschlagen. Mit Kerbel garnieren.

Bekanntlich entstehen viele Gerichte als Betriebsunfall in der Küche. So auch die Rotkohlsuppe. Einst wollte ich zu einem Gänseessen den Rotkohl schon am Vorabend zubereiten. Dann war der Krimi zu spannend, die Sportschau zu interessant: aus dem knackigen Rotkohl wurde Rotkohlmus. So entstand die Suppe. Die letzte Abrundung erhielt sie in Südtirol, wo mir in einem Restaurant der Rotkohl ungewöhnlich gut schmeckte. Die Köchin verriet, dass er nach einem uralten Familienrezept zubereitet werde:
Sein Geheimnis sei Johannisbeergelee. Davon soll der Ururgroßmutter mal versehentlich ein Glas in den Rotkohl gefallen sein.

Schiedsche Sauerkraut-Suppe

Für 6-8 Personen

500 g Hackfleisch, Rind oder halb und halb
1 Zwiebel
1 Dose geschälte Tomaten
4-5 Gewürzgurken
1 Dose Sauerkraut
1 Flasche Ketchup
Gemüsebrühe
Salz, Pfeffer, Paprikapulver, Knoblauch
nach Belieben Schmand oder
Crème fraîche

Nicht mit rotem, sondern mit saurem Kraut gibt SWR4-Moderatorin Corinne Schied ihrer Suppe Pfiff und kocht Schiedsche Sauerkraut-Suppe, die immer ein großer Erfolg ist.

Hackfleisch mit der gehackten Zwiebel anbraten. Tomaten, klein geschnittene Gewürzgurken, Sauerkraut, Ketchup dazugeben und mit Brühe großzügig aufgießen. Mindestens 45 Minuten (besser länger) köcheln lassen. Abschmecken, fertig! Mit (oder ohne wegen der Linie) Schmand oder Crème fraîche servieren.

Wir feierten mit sechs Gästen eine Party, ich servierte Sauerkrautsuppe und war gespannt auf die Reaktion meiner Freunde. Vor dem Essen sagten sie wie aus einem Munde: „Igitt - Sauerkrautsuppe!!!" Nach dem Essen sagten sechs Gäste wie aus einem Munde: „Bitte, bitte einen Nachschlag!!!" Pech gehabt, der Topf war leer. Seither koche ich immer die doppelte Ration, denn ich weiß, wie's endet!

Maronensuppe

300 g Maronen
200 ml Geflügelfond
80 g gewürfelte Sellerieknolle
200 ml Schlagsahne
50 g Trüffelbutter (von Meggle)
frisch geriebene Muskatnuss
1 Prise Zucker
Salz und Pfeffer
1 kleine Knoblauchzehe

Als wir die Suppe das erste Mal machten, ging das ganz schön daneben. Natürlich müssen die Maronen zuerst weich gekocht werden. Das haben wir auch so gemacht. Dann zerkleinerten wir sie mit dem Pürierstab, jedoch ungeschält, ein riesiges Dilemma! Ohne Schalen drin schmeckt die Suppe natürlich weitaus besser!

Rolf Schwab aus Asbach (bei Neustadt/Wied im Westerwald) hat etwas sehr Feines zu bieten, eine Suppe von Esskastanien:

Die Schale der Maronen an der gewölbten Seite mit einem scharfen Messer kreuzweise einschneiden. Auf ein Backblech legen und im auf 220 Grad vorgeheizten Ofen backen, bis sich die Schalen öffnen. Die noch warmen Esskastanien aus den Schalen brechen und auch die innere Haut lösen. Geflügelfond erhitzen, die Maroni mit den Selleriewürfeln zufügen und 15 bis 20 Minuten köcheln lassen. Maroni abgießen, Brühe dabei auffangen. Die Maroni mit ca. 100 ml Sud und 150 ml Sahne pürieren (Schnetzelstab); so viel Brühe zugießen, bis die Suppe sämig, aber nicht dick ist. Trüffelbutter zugeben und nochmals aufschlagen. Mit Muskatnuss, Zucker, Salz, zerdrücktem Knoblauch und Pfeffer abschmecken. Die restliche Sahne steif schlagen und die Suppe damit abrunden.

Rindfleischsuppe

Für 2 Liter

1 Pfund Rindfleisch
einige Knochen, darunter auch einer mit Mark
Stücke vom Ochsenschwanz
1 Bund Suppengrün (Lauch, Karotten, Sellerie und – es gibt sie meist nur im Winter – Petersilienwurzel)
1 Zwiebel mit Haut
1 Knoblauchzehe
1 Tomate
einige Petersilienstängel
Salz, weiße Pfefferkörner
1 möglichst frisches Lorbeerblatt

Eierschwämmchen
2 Eier
1/8 l kalte Milch
Salz, frisch geriebene Muskatnuss
Butter

Markklößchen
50 g Rindermark
1 Ei
1 Eigelb
Salz, Muskatnuss
50 g Semmelbrösel
1 Msp. Backpulver

Bei keinem festlichen Essen im Familienkreis darf sie fehlen, die goldgelbe, klare Rindfleischsuppe mit verschiedenen Einlagen. So wird sie gekocht:
Das Fleisch und die Knochen mit heißem Wasser gut waschen. Sodann in einem geräumigen Topf und mit kaltem Wasser bedeckt zügig zum Kochen bringen. Bereits jetzt salzen, aber maßvoll, denn die Flüssigkeit kocht ein. Unterdessen das Gemüse putzen und grob zerkleinern, die Gewürze bereit stellen. Sobald Schaum aufsteigt, wird er abgeschöpft. Kocht das Wasser vollends, das Gemüse und die Gewürze hinzugeben und die Temperatur zurücknehmen. Es darf von nun an im offenen Topf nur noch ganz sanft köcheln, etwa zweieinhalb Stunden lang.

Allerlei Einlagen reichern diese Suppe an.

Eierschwämmchen sind's bei Wilma Amelung aus Mainz: Die Eier mit der Milch verquirlen, Salz und Muskat zufügen und in ein gebuttertes Schüsselchen füllen. Mit Alufolie verschließen und in einen Topf mit kochendem Wasser stellen. Zudecken und das Wasser etwa eine halbe Stunde lang nur noch ziehen lassen, bis die Eier fest geworden sind. Stürzen, würfeln und in der heißen Suppe servieren.

Markklößchen kommen in die „gute Rindfleischsuppe" von Antonie Bevier aus Neustadt an der Weinstraße:
Das Mark in einem Töpfchen zerlassen, durchsieben, kalt stellen und wieder geschmeidig rühren. Alle weiteren Zutaten einrühren und die Masse 20 Minuten ruhen lassen. Mit nassen Händen Klößchen daraus formen, in siedendem Salzwasser oder in der Suppe etwa 3 Minuten lang gar ziehen lassen.

Thailändische Hühnersuppe mit Kokos

600 ml Hühnerbrühe
6 Limettenblätter
1 Stängel Zitronengras
frische Ingwerwurzel
200 ml Kokosmilch
8 EL thailändische Fischsoße
2 TL Palmzucker oder brauner Zucker
6 EL Limettensaft
250 g Hähnchenbrust, in kleine Stückchen geschnitten
4 EL Chiliöl
4 kleine Chilischoten, in feine Ringe geschnitten

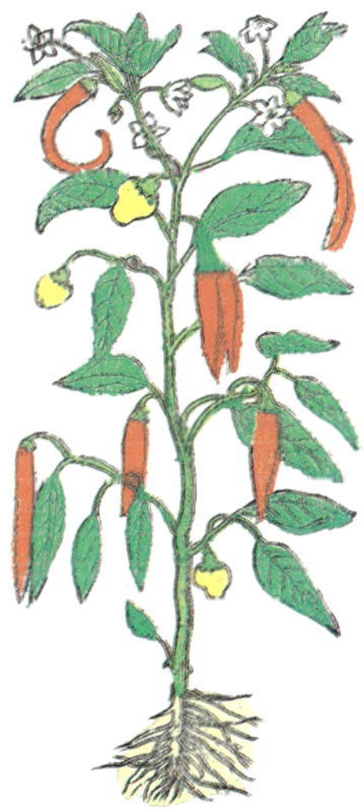

Tipp
An heißen Sommertagen ist nichts belebender als eine entfettete, eiskalte Bouillon. Etwa die klassische Kraftbrühe Madrilène. Sie besteht aus der leicht gelierten Brühe, Tomaten-Würfeln und hauchdünnen Gurkenscheibchen und wird mit etwas Gurkensaft und Weißwein abgeschmeckt.

SWR4-Moderatorin Christiane Spohn erzählt, wie die „herrliche Suppe für ihren Liebsten" zunächst einmal daneben ging.

Vor einigen Jahren entdeckte ich ein tolles thailändisches Kochbuch – ich kaufte es und beschloss, daraus meinem Liebsten die herrliche Hühnersuppe zu kochen. Das erste Abenteuer war der Besuch im Asia-Laden.
Um die Zutaten zu finden, brauchte ich schon die Hilfe des netten thailändischen Verkäufers. Zu Hause kam Abenteuer Nummer zwei: ich packte die Limettenblätter und das Zitronengras aus – und da alles so herrlich duftete, dachte ich mir, da können ruhig ein paar mehr 'rein als im Rezept angegeben. Mein Liebster saß schon am Esstisch und ich präsentierte ihm die köstlich duftende thailändische Hühnersuppe. Er nahm einen Löffel – das war dann Abenteuer Nummer drei: seine Gesichtsfarbe nahm einen rötlichen Ton an, er schluckte schwer und stürzte in Richtung Bad. Die Suppe war höllisch scharf. Ich hatte ganz einfach zu viel Zitronengras und Chili hineingegeben. Heute halte ich mich streng an das Rezept.

Brühe erhitzen, Zitronenblätter, Zitronengras und Ingwer hineingeben und unterrühren. Wenn die Brühe kocht, Kokosmilch, Fischsoße, Zucker und Limettensaft zugeben. Gut durchrühren, die Hähnchenstücke hineingeben und 5 Minuten köcheln lassen. Chiliöl einrühren und Hühnersuppe mit Chiliringen garniert sofort servieren.

Aperitif von Pfirsichblättern

ca. 70 frische Blätter von einem Pfirsichbaum
35 Stück Würfelzucker
1 Flasche guter Rotwein
1 Gläschen Eau de Vie, das kann Apfelbranntwein oder anderer hochprozentiger Obstler sein

Selbst in der Bretagne kennt man SWR4, wie Brigitte Gaschler aus Ercé en Lamée.

Es war Anfang November. Die abendliche Gymnastikstunde in der ungeheizten Halle war zu Ende. Trotz unserer Turnübungen blieben meine Füße kalt. Ich freute mich auf den Umtrunk bei unserer französischen Freundin Thérèse. In ihrer gemütlichen Küche strahlte eine „cuisinière" - ein holzbeheizter Herd - eine angenehme Wärme aus. „Sind deine Füße noch kalt?" fragte Thérèse teilnehmend. Ich bejahte. Da öffnete sie die Backofentür und befahl mir, die Füße hineinzustecken. Ach wie gut tat diese Wärme! Aber das war noch nicht alles. Jetzt kredenzte uns Thérèse ein Glas „feuilles de pêche", diesen wunderbaren Aperitif aus Pfirsichblättern, natürlich „fabriqué à la maison". Glück ist in der kleinsten bretonischen Küche...!

Die Blätter waschen, gut abtropfen lassen - am besten mittels Trockentuch - und in ein hohes Glasgefäß füllen, Würfelzucker zufügen und mit Wein und Branntwein auffüllen. Mindestens 4 Wochen bei Zimmertemperatur stehen lassen und gelegentlich leicht schütteln.

Gravedlachs, warm geräuchert

2 rohe Lachsseiten, zusammen ca. 2 kg

Beize
2 EL Salz
2 EL brauner Zucker
1 TL geschroteter Pfeffer
reichlich frischer Dill

Tipp
Man serviert den Lachs in dünnen Scheiben mit Sahnemeerrettich und Stangenweißbrot, das in der frankreichnahen Westpfalz „Fluite“ genannt wird.

Günter Gebhart aus Zweibrücken ist Spezialist für Räucherfisch und empfiehlt deshalb Gravedlachs:

Beide Lachshälften werden – die Haut nach unten liegend – mit den Zutaten für die Beize gleichmäßig bestreut. Dann werden die beiden Hälften mit den gewürzten Innenseiten aufeinander gelegt, mit einer Platte bedeckt und mit einem starken Gewicht beschwert. Wichtig ist, dass die Platte die gesamte Oberfläche des Fisches bedeckt. Das Fleisch wird unter dieser Belastung fest und dicht und lässt sich so später hervorragend in Scheiben schneiden. Der Fisch muss für 24 Stunden an einem kühlen Ort durchziehen.
Anschließend werden die Lachshälften auf den Rost des Räucherofens gelegt und über Buchensägemehl bei einer Temperatur von höchstens 60 Grad mit starkem Rauch ca. 2 Stunden geräuchert.

Es ist eine Weile her, als mich ein Freund zum Essen einlud. Geräucherte Forellen standen auf dem Speiseplan. Das Besondere daran war, dass er die Fische mit Hilfe eines zum Ofen umgebauten Gurkeneimers selbst geräuchert hatte. Die Forellen schmeckten so gut, dass ich beschloss, mir ebenfalls solch einen Ofen zu bauen. Aus Büchern erfuhr ich mehr über Räuchertechniken und lernte, mit welchen Gewürzen man Fischsud ansetzt. Meine Begeisterung machte Freunde und Bekannte neugierig, und so habe ich dann auch für sie Fische geräuchert. Die Folge war, dass der Ofen bald zu klein war. Also kaufte ich ein größeres Modell. Heute mache ich ganze Fischplatten mit Krabbencocktail, Fischterrinen und Lachsen, warm geräucherte Gravedlachse sind der Renner.

Meerrettich-Dill-Senf-Gurken

- 2,5 kg Schlangengurken
- 1 l Weinessig
- ½ l Wasser
- 250 g Zucker
- 2 EL Salz
- 2 Zwiebeln
- 1 Stück frische Meerrettichwurzel
- 2 EL mittelscharfer Senf
- 2 EL grüne Pfefferkörner
- 2 Bund Dill

Hannelore Treptow aus Ruppertsweiler (bei Pirmasens) weiß aus „krummen“ Gurken Leckeres zu kochen und erzählt, wie sie dazu kam:

Wir haben von Ende der 70er Jahre an zwanzig Jahre in Hamburg gelebt und gearbeitet. Dort lernten wir einen Gemüsebauern kennen, der in großen Gewächshäusern Gurken und Tomaten züchtete. Dieser Landwirt verkaufte nur die Gurken, die eine bestimmte Größe und eine gerade Form hatten. Alle anderen wanderten als Abfall auf den Kompost. Der Erzeuger bot uns deshalb an, so viele „missratene“ Gurken wie möglich mitzunehmen. Also begannen wir, Gurken einzumachen. Mit der Zeit entwickelten wir ein ganz besonderes Rezept, mit dem wir schon viele Freunde begeistert haben.

Die Gurken schälen, der Länge nach halbieren, die Kerne mit einem Teelöffel entfernen und in ca. 2 cm große Stücke schneiden. Essig und Wasser mit Zucker und Salz erhitzen, Zwiebeln schälen und in kleine Stücke schneiden, Meerrettich reiben (es werden 50 g gebraucht). Die Gurkenstücke mit Zwiebeln, geriebenem Meerrettich, Senf und Pfefferkörnern in den kochenden Sud geben und 5 Minuten kochen lassen. Danach die Gurkenstücke in Schraubdeckel-Gläser füllen („twist-off“), mit Dill bedecken und mit dem heißen Sud auffüllen. Gläser sofort verschließen und erkalten lassen.

Tipp

Die heißen Gläser stellt man sofort nach dem Verschließen für 10 Minuten kopfüber auf ein Küchenhandtuch. So kann sich kein Kondenswasser bilden, die Gefahr des Verderbens wird dadurch noch geringer.

Gefüllte Pastetchen

Für 6 Personen

Mayonnaise
1 rohes Eigelb
geschmacksneutrales Öl
Gurkenbrühe
Salz
Zucker
einige Zweige frischer Dill

2 Blätterteigpasteten (zum Aufbacken)
2 Becher Joghurt
2 mittelgroße saure Gurken
1 große, gehackte Zwiebel
6 große Bismarckherings-Filets
je 500 g grüne und rote Weintrauben
3 Orangen
1 fester, säuerlicher Apfel

Tipp
Die Mayonnaise gelingt garantiert, wenn alle Zutaten die gleiche Temperatur haben. Also das Ei früh genug aus dem Kühlschrank nehmen.

Wie kurios die Entstehungsgeschichte mancher Leibgerichte sein kann, erzählt Christiana Gloger aus Mayen:

Meine drei Söhne liebten Sahneheringsfilets mit Quellmännern. Nachdem eines Mittags einige Filets übrig waren, stellte ich sie abends wieder auf den Tisch. Mein jüngster Sohn schöpfte sich Hering auf den Teller – und aß dazu Weintrauben. „Oh, das schmeckt ja himmlisch!", schwärmte er. Ich probierte: er hatte Recht! Mein ältester Sohn war ebenfalls begeistert und testete nun die Heringsfilets mit einem Stück Apfelsine. Auch das schmeckte hervorragend. Dann hatte mein mittlerer Sohn Dominik die Idee, die farbenfrohe Hering-Trauben-Orangen-Mischung als Füllung in einer warmen Pastete zu verarbeiten.
Und auch das schmeckte ausgezeichnet. So entstand diese Füllung.

Als Erstes rührt man die Mayonnaise: das Eigelb zunächst tröpfchenweise, dann im dünnen Strahl mit so viel Öl aufschlagen, dass es dünn fließend ist. Mit Gurkenbrühe säuern, je eine Prise Salz und Zucker sowie gehackten Dill einrühren.
Nun den Joghurt zufügen, dann die fein gehackten Gurken und Zwiebeln. Die klein geschnittenen Heringsfilets, Weintrauben, zerkleinerte Orange und Apfel ebenfalls zugeben, alles gut mischen und bis zum Essen im Kühlschrank durchziehen lassen. Von den Pasteten die Deckel abtrennen, aufs Backblech stellen und im auf 200 Grad vorgeheizten Backofen 10 Minuten aufbacken.
Auf Teller verteilen, die Heringsfüllung hineingeben und die Deckel draufsetzen. Mit ein paar Mandarinenstückchen und Weintrauben schön garnieren, damit auch das Auge was hat.

Salz-Kümmelstangen

2 Tassen Milch
1 Würfel Hefe
200 g zerlassene Butter
500 g Mehl
3 Eigelb
grobes Salz
Kümmel

Elfriede Hauck aus Bad Bergzabern in der Südpfalz backt Salzstangen, die nicht nur Jungwinzern bei Weinproben schmecken.

Milch, zerbröselte Hefe und die Butter miteinander vermengen. Mit dem Mehl zu einem glatten Teig verarbeiten. Den Teig halbieren und jede Hälfte ungefähr einen halben Zentimeter dick auswellen. Mit einem Teigrädchen in ca. ½ bis ¾ cm breite Streifen schneiden. Eigelb mit etwas Milch verquirlen, die Stangen damit bepinseln und reichlich mit grobem Salz und Kümmel bestreuen. Auf ein mit Backpapier ausgelegtes Blech setzen und bei 200 Grad hellbraun backen.

In meiner Kindheit gab es Salzstangen nur zu Weihnachten. Meine Mutter machte sich große Mühe: Einzeln rädelte sie jede Stange aus, legte sie aufs Blech, bestrich und würzte sie. Ich selbst habe mir angewöhnt, die ganze Teigplatte mit Eigelbmilch zu bestreichen, mit Salz und Kümmel zu bestreuen und dann erst die Stangen zu formen. Das macht weniger Arbeit. Kürzlich verriet ich das Rezept einer Bekannten. Einige Zeit später fragte diese mich, wie ich die Salzstangen aufheben würde, damit sie lange halten. Ich entgegnete „in Blechdosen“. Doch dann begriff ich, was sie eigentlich meinte: Die Salzstangen hielten sich nicht, weil sie überall sofort aufgestöbert und verzehrt wurden.

Kopfsalat mit Pfefferminzsauce

Rosita Sell aus Döttesfeld (bei Altenkirchen im Westerwald) gibt ihrem Kopfsalat mit Pfefferminzsauce eine ungewohnte, überraschende Note:

Salat zerpflücken, gut waschen und trocken schleudern. Die ebenfalls gewaschenen und gut getrockneten Kräuter ganz fein hacken. Alle übrigen Zutaten gut miteinander verrühren, mit der Sahne aufgießen und kurz vor dem Servieren über die Salatblätter gießen.

1	schöner, frischer Kopfsalat
2-3 EL	gehackte, frische Kräuter, z. B. Zitronenmelisse, Pfefferminze, Pimpernell, Petersilie, Schnittlauch, Frauenmantel, Spitzwegerich
1 EL	Pfefferminzgelee (siehe Seite 80)
1 EL	Mayonnaise
1 EL	Miracel Whip
1	kleiner Becher Joghurt
1/4 l	Sahne

Gänseblümchen-Salat mit Käse

1 mittelgroße Schüssel voll frisch gepflückter, gewaschener und wieder trocken geschleuderter Gänseblümchen
2 EL Olivenöl
2 EL Essig
Salz, Pfeffer, Knoblauch
100 g Schinken
100 g Käse (Emmentaler)
2 hartgekochte Eier (kleingehackt)

Brigitte Meck aus Essingen hat etwas Apartes zu bieten:

Gänseblümchen mit Blättern klein schneiden. Olivenöl, Essig, Salz, Pfeffer und gepressten Knoblauch miteinander vermischen und über die Gänseblümchen geben. Schinken und Käse in kleine Streifen schneiden und mit den Eiwürfeln über den Salat streuen. Gut 1 Stunde ziehen lassen und servieren.

Das Rezept entstand vor 25 Jahren. Meine Mutter und ich probierten neue Rezepte aus. Zuerst waren es Salatvariationen aus jungen Löwenzahnblättern, die wir mit Gänseblümchenblüten dekorierten. In einem Buch über Heilkräuter hatte ich gelesen, dass man Gänseblümchen verzehren kann. Wir stellten fest, dass sie sehr gut schmecken, und so versuchten wir mit verschiedenen Zutaten, Gänseblümchen zu einem schmackhaften Salat zu verarbeiten. Auf einem Geburtstagsfest feierte unser Gänseblümchensalat Premiere. Die Gäste kosteten zunächst nur vorsichtig, doch bald war der unkonventionelle Salat auf allen Feiern der Renner.

Tipp
Dieser Salat schmeckt vor allem im Frühling – und vor allem dann, wenn man die Gänseblümchen auf einer ungedüngten Wiese gepflückt hat.

Weihnachtssalat

Für 6 Personen

- 6 Matjesfilets
- 1 große Zwiebel
- 1 Schuss Weinessig
- Salz, weißer Pfeffer aus der Mühle
- 1 Tasse kochendes Wasser
- 200 g gekochtes Rindfleisch
- 4 Tassen gekochte, geschälte und gewürfelte Kartoffeln
- 1 ½ Tassen gewürfelte Rote Bete
- 2 große, gewürfelte Äpfel (möglichst mit roter Schale)
- 2 große, gewürfelte Gewürzgurken
- 100 g gehackte Walnüsse
- ½ Tasse Joghurt
- 2-3 EL Mayonnaise (siehe Seite 54)

Zum Garnieren

- gehackte Petersilie oder Dill
- 3 hartgekochte Eier
- einige Walnusshälften

Erika Räuchle aus Ludwigshafen wartet mit einem traditionellen Essen für den Heiligen Abend auf:

Damit man viel Zeit hat für die Familie und vor allem für die Kinder (die ja die Bescherung fast nicht erwarten können), gibt es bei uns zum Abendbrot den Weihnachtssalat.

Matjes abspülen, trocken tupfen und in mundgerechte Streifen schneiden. Die Zwiebel fein hacken, in eine große Schüssel geben, Essig darüberträufeln, salzen, pfeffern und mit dem kochenden Wasser begießen. Matjesstreifen, Rindfleisch, Kartoffeln, Rote Bete, Äpfel, Gurken und Walnussstückchen zufügen und vermischen. Joghurt und Mayonnaise gut verrühren und vorsichtig unter den Salat heben. 2 Stunden durchziehen lassen und kühl stellen. Vor dem Auftragen garnieren und Weißbrot dazu reichen.

Wenn es dunkel wird, versammelt sich unsere Familie zum Abendbrot. Danach werden die Lichter am Christbaum angezündet, die Weihnachtsgeschichte wird vorgelesen und dann ist es endlich soweit, dass die Geschenke ausgepackt werden dürfen. Auch unsere Tiere bekommen kleine Leckerbissen. Wir sitzen dann gemütlich zusammen bei Punsch und Gebäck. Um 22 Uhr geht es zur Christmette. Danach freuen sich alle, Groß und Klein, auf ihr Bett und einen wunderschönen Weihnachtstraum.

Heringssalat à la Meta

Einen ganz ähnlichen Salat nennt Ingrid Link aus Mainz Heringssalat à la Meta, weil das Rezept von ihrer Mutter stammt. Auch dieser Salat kam am Heiligen Abend auf den Tisch. Er unterscheidet sich vom vorhergehenden dadurch, dass Ingrid Link schon mal Salzheringe nimmt (statt Matjes), ihn noch mit gekochtem Schinken anreichert und in Würfel geschnittenen, gekochten Knollensellerie daran gibt. Sie findet, dass der Salat - zugedeckt und kalt gestellt - mindestens einen Tag ziehen müsse.

Als ich meine eigene Familie hatte, brachte meine Mutter den Salat am Weihnachtsabend zu uns mit. Was für mich sehr praktisch war, weil ich nur die hartgekochten Eier vorbereiten musste. Nun ist meine Mutter seit sechs Jahren tot und ich führe diese Tradition weiter. So haben wir ein Andenken an meine Mutter. Aber: es darf ihn nur am Heiligen Abend geben und zu keinem anderen Anlass im Jahr.

Königlicher Bauernsalat

1 kg Kartoffeln
1 Pfund Spargel
½ Brühwürfel
1 gestrichener TL Salz
2 gestrichene TL Zucker
3 EL Essig
5 EL Öl
1 kleine Zwiebel
1 Bund Schnittlauch

Claudia Fauth aus Wattenheim kocht zu festlichen Anlässen immer gern ihren Königlichen Bauernsalat: Gewaschene Kartoffeln eine halbe Stunde kochen, abkühlen lassen, schälen und in dünne Scheiben schneiden. Spargel schälen, in 2 cm lange Stücke schneiden, in ¼ Liter kochendes Wasser geben und 20 Minuten ziehen lassen, dann herausheben und in dem Sud den Brühwürfel auflösen, Salz, Zucker, Essig und Öl gut darin verrühren. Spargelstücke, Kartoffelscheiben und Zwiebelwürfel in eine große Schüssel geben, die Marinade darüber gießen und zum Schluss den in Röllchen geschnittenen Schnittlauch darüber streuen. Alles gut vermengen, einige Stunden ziehen lassen, zwischendurch ab und zu umschichten. Dieser Salat passt auch gut zu allem Gebratenen, zu heißen Würstchen wie zu hart gekochten Eiern mit Remoulade.

In den siebziger Jahren zogen wir nach Wattenheim. Auf dem großen Grundstück setzte mein Mann eine Reihe Spargel. Ich freute mich riesig auf meine ersten Stangen. So richtig aber ging es mit dem Wachstum nicht voran, da Wattenheim 360 Meter hoch liegt und die Temperaturen oft fünf Grad kälter als in der Ebene sind. Jeden Tag stand ich vor meiner Spargelreihe und schaute vergebens nach den Köpfen, die den Boden durchstoßen sollten. Bis zum Wochenende hatte ich gerade mal ein Pfund beisammen! Meine Freunde spöttelten schon über mich: „Hot dein Schubkaarch gelangt, um die Ernt einzufahre?“ oder „Ich hab e Rezept, do brauchscht bloß ään Sparchel, willsch de des mol hawwe?“. Ich nahm es mit Humor, und eines Tages hatte ich die Idee, einen Kartoffelsalat mit den kargen Spargeln zu „verlängern“. Und siehe da, er schmeckte: königlich!

Schwartenmagensalat

200 g	Schwartenmagen in etwas dicker geschnittenen Scheiben
4-6	(je nach Größe) Gewürzgurken aus dem Glas
1	Zwiebel
2	Tomaten
3	hartgekochte Eier
2 EL	Wasser
3-4 EL	Essig
2-3 EL	Öl
½-1 TL	Salz
2	Prisen Pfeffer
	Petersilie zum Garnieren

Marianne Heinz aus Newel-Butzweiler bei Trier fand eines Tages beim Aufräumen des Kühlschranks eine Dose...

Was macht man mit einer Dose Schwartenmagen, die fast abgelaufen ist? Einfach nur aufs Brot? Nein, mir kam eine bessere Idee: ich erfand einen Salat. Und der schmeckte so gut, dass ich den Rest stolz meinen Eltern schenkte. Mein Vater freute sich und meinte, genau den hätte er früher oft mit zur Arbeit genommen. Auch meine Mutter erinnerte sich daran. Nur ich selbst hatte ihn vergessen. Der Salat war also gar nicht meine Erfindung, sondern ein altes Rezept meiner Mutter. Egal, jetzt ist es aufgeschrieben und geht nicht mehr verloren. Ich mache diesen Salat besonders gerne zum Picknick. Dazu reiche ich Brötchen, Baguette mit Butter, Bier, Vietz oder Vietzschorle.

Schwartenmagen, Gurken und Zwiebeln würfeln. Die Tomaten für 2 Minuten in kochendheißes Wasser legen, häuten und in Würfel schneiden. Die Eier halbieren, das Eigelb in eine Schüssel geben. Die Eiweißhälften mit dem Eierschneider einmal der Länge und einmal der Breite nach durchschneiden, sodass Würfelchen entstehen. Eigelb mit dem Wasser zerdrücken, Essig, Öl, Salz und Pfeffer hinzufügen, sodass eine cremige Sauce entsteht. Diese gibt man über die übrigen Zutaten. Mischen und eine halbe Stunde ziehen lassen.

Tipp

Der Essig, empfiehlt Marianne Heinz, sollte kräftig sauer sein, damit der Salat einen säuerlichen Geschmack bekommt, das gibt ihm seine besondere Note.

Räucherforellen-Tarte

Boden
200 g Weizenmehl
20 g frische Hefe
1 TL Zucker
100 ml lauwarmes Wasser
¼ TL Salz
1 Eigelb

Belag
2 große Räucherforellen-Filets
4 Eier
200 g Crème fraîche
6 EL Schlagsahne
Pfeffer aus der Mühle, etwas Salz
1 Bund Dill

Dekoration
½ Bund Dill
1 Zitrone
50 g Keta-Kaviar

Ursula Baumann aus Eitelborn im Westerwald bringt sie zu festlichen Anlässen gern auf den Tisch, ihre Räucherforellen-Tarte:

Das Mehl in eine Schüssel sieben und in die Mitte eine Mulde drücken. Da hinein die zerbröckelte, mit dem Zucker in lauwarmem Wasser aufgelöste Hefe gießen. Das Salz auf den Mehlrand streuen. Von der Mitte aus zu einem glatten Teig verkneten und zugedeckt bei Zimmertemperatur gehen lassen, bis sich sein Volumen verdoppelt hat. Dann den Teig ausrollen und eine Tarteform von 30 cm Durchmesser damit auslegen, am Rand etwas andrücken. Das Eigelb mit etwas Wasser verquirlen und den Boden damit einpinseln, dann weitere 10 Minuten gehen lassen.
Die Forellenfilets in Stückchen zerpflücken und dabei sämtliche Gräten entfernen. Filetstückchen, Eier, Crème fraîche und Sahne mit den Quirlen des Rührgerätes gründlich mischen; pfeffern und nur wenig salzen, den Dill hacken und unterrühren. Die Mischung auf den Teig gießen und die Tarte auf der untersten Schiene des auf 225 Grad vorgeheizten Backofens eine knappe halbe Stunde backen.
Auf einem Kuchengitter abkühlen lassen, mit Dillzweigen, dünnen Zitronenscheiben und dem Keta-Kaviar garnieren. Die Tarte lauwarm servieren.

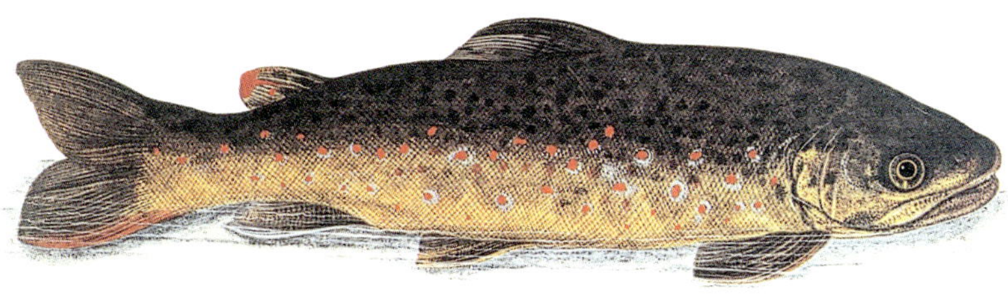

Lachsrolle

2 Partyseiten Räucherlachs

Teig
4 Eier
4 EL Mehl
4 Prisen Salz
⅛ l Sonnenblumenöl
⅛ l Milch
⅛ l Wasser

Füllung
400 g Frischkäse
1 Becher Sahne
klein gehackte Kräuter, z. B. Dill, Petersilie, Liebstöckel
Salz, Pfeffer

Ulrike Hargesheimer aus Lettweiler (bei Meisenheim am Glan) empfiehlt, zum Beispiel anlässlich eines Sektempfangs, für ein kaltes Büffet oder auch als Vorspeise, Lachsrolle. Die Herstellung des Gebäcks kann gut 1 bis 2 Tage vor dem Fest erfolgen.

Für den Teig aus Eiern, Mehl, Salz, Öl, Milch und Wasser einen Teig rühren, dünn auf Backpapier ausstreichen und bei 200 Grad ungefähr 15 Minuten backen, bis der Teig leicht gebräunt ist.
Für die Füllung alles zu einer geschmeidigen Creme verrühren und abschmecken. Die Hälfte der Käsefüllung auf den abgekühlten Teig streichen, die Lachsstücke darüber verteilen und die zweite Hälfte der Käsefüllung darüber geben und glattstreichen. Das Ganze aufrollen, gut durchkühlen lassen und in Scheiben geschnitten servieren.

Fischsuppe nach dänischer Art

Franz Ratter aus Kaiserslautern kocht nicht nur gern Fischsuppe, sondern erzählt auch, wie er darauf gekommen ist:

Als ich mit der Familie in Dänemark Urlaub machte, lernten wir dort eine Fischsuppe schätzen, deren guter Geschmack uns noch lange in Erinnerung blieb. So bat ich unsere Gastgeberin, mir das Rezept aufzuschreiben. Zu Hause sagte ich zu meiner Frau: „Es muss nicht immer Fleisch sein", wir machen die gute dänische Fischsuppe. Das Rezept verlangt Dorschfilet. Nun wollte ich es in Kaiserslautern einkaufen und wurde maßlos enttäuscht: nirgendwo bekam ich diese Fischsorte. Bis ich in einem Lexikon nachschlug und erstaunt las, dass Dorsch nichts anderes als Kabeljau ist! Den kaufte ich statt Dorsch, und die Suppe schmeckte genauso gut, wie wir sie in Erinnerung hatten.

500 g Dorsch- oder Kabeljaufilet
Saft einer Zitrone
40 ml Aquavit
4 Zwiebeln
1 Knoblauchzehe
1 Stange Lauch
2 Möhren
400 g Kartoffeln
75 g Dörrfleisch
1 l heiße Fleischbrühe
1 Lorbeerblatt
1 Msp. Safran
½ TL zerriebenes, getrocknetes Basilikum
Salz, Pfeffer
1 Bund Petersilie

Filet in ca. 2 cm große Würfel schneiden, in eine Schüssel geben, mit Zitronensaft und Aquavit begießen und zudecken. Zwiebeln und Knoblauchzehe fein hacken, Lauch längs halbieren, waschen und quer in Streifen schneiden. Möhren und Kartoffeln in 1 cm große Würfel schneiden. Dörrfleisch fein würfeln und in einem Topf bei geringer Hitze glasig werden lassen. Zwiebeln und Lauch zufügen und 3 Minuten mit anschwitzen. Es folgen Möhren und Kartoffeln. Nach 1 Minute die Fleischbrühe angießen. Lorbeer, Safran, Basilikum hineingeben und zugedeckt 15 Minuten köcheln lassen. Die Fischwürfel samt Zitronensaft und Aquavit zufügen und 5 Minuten gar ziehen lassen, so bleibt der Fisch saftig.
Mit Salz abschmecken und in einer vorgewärmten Suppenterrine mit gehackter Petersilie bestreut servieren.

Reis-Lachs-Gratin

300 g	frischer Spinat
1	Zwiebel
1	Knoblauchzehe
	Salz, Pfeffer
250 g	Basmati-Wildreis-Mischung
600 g	Lachsfilet
	Zitronensaft
60 g	Butter
40 g	Mehl
½ l	Gemüsebrühe
½ l	Milch
250 ml	Sahne
1	Prise Curcuma (Gelbwurz)

Gerlinde Stieb aus dem rheinhessischen Westhofen ist stolze Mutter mehrerer Töchter.

Vor einigen Jahren wurde unsere Älteste „flügge" und verließ das Nest. Sicher hatte ich sie gut auf das Leben vorbereitet, sie hatte auch kochen gelernt, aber als Mutter macht man sich so seine Gedanken, ob es auch für die Zweisamkeit reicht. Es hat gereicht! Zum ersten Weihnachtsfest, das sie in ihrem neuen Zuhause feierte und zu dem die ganze Familie eingeladen war, überraschte sie uns alle mit diesem Gratin.

Den Spinat waschen. Zwiebel und Knoblauch schälen, fein hacken, in einem guten Stich Butter angehen lassen, den Spinat zufügen und zugedeckt dünsten. Salzen, pfeffern und in eine gebutterte Auflaufform geben. Die Reismischung nach Anweisung kochen und auf dem Spinat verteilen. Das Lachsfilet waschen, trocknen, mit Zitronensaft beträufeln, salzen, pfeffern, in vier Stücke schneiden und auf den Reis legen.
Butter schmelzen, Mehl einrühren, anschwitzen, aber nicht bräunen lassen, mit der Gemüsebrühe ablöschen. Milch und Sahne einrühren, 2 Minuten kochen lassen, salzen, pfeffern und mit Zitronensaft abschmecken. Eine hineingerührte Prise Curcuma gibt eine schöne hellgelbe Farbe. Über den Fisch in der Auflaufform gießen, der bei 200 Grad etwa eine halbe Stunde lang gegart wird.

Tipp
Dazu schmeckt eine trockene Weißburgunder-Spätlese oder Chardonnay aus Rheinhessen.

Krabbensuppe „Hein Mück“

600 g Fischfilet (Rotbarsch oder Schellfisch)
1 Zitrone
2 Zwiebeln
1 Knoblauchzehe
Butter
1 Lorbeerblatt
¼ l trockener Weißwein
1 Pfund Spargel
Salz, Pfeffer
1 Prise Zucker
1 Becher Sahne
Mehlbutter oder Kartoffel- oder Pfeilwurzmehl zum Binden
Dillspitzen, Petersilie, Thymian, Rosmarin
1 Dose Nordseekrabben

Thea Wadle aus Meckenheim erzählt die Geschichte einer Krabbensuppe, die gut in die Spargelzeit passt:

Eines Tages, als ich beim Autofahren Radio hörte, wurden Rezeptvorschläge für das Osteressen gesendet, unter anderem die Krabbensuppe „Hein Mück“. Als Norddeutsche wurde ich hellhörig, fuhr auf einen Parkplatz und notierte die Zutaten auf einen Zettel, den ich heute noch besitze. Die Suppe gibt es Ostern oder Pfingsten, und sie ist bei meinen Gästen sehr beliebt. Nach dem Rezept wurde oft gefragt, aber ich gab es nie weiter, da es mein „Geheimnis“ bleiben sollte. Jahre später kam eine Einladung zur Verabschiedung eines Generals ins Haus. Diese beinhaltete die Mitteilung, bitte kein Geschenk mitzubringen, sondern das Rezept Krabbensuppe „Hein Mück“. Das tat ich dann auch.

Das Filet salzen, mit Zitronensaft beträufeln und in Stücke wie für Gulasch schneiden. Zwiebeln und Knoblauch schälen, hacken, in Butter anschwitzen, Lorbeerblatt zufügen, die Fischstücke hineingeben, den Wein angießen, mit Wasser auffüllen, sodass der Fisch gut bedeckt ist, und 3 Minuten köcheln. Durchsieben, den Sud aufheben, das gegarte Filet beiseite stellen.
Spargel schälen, Schalen und Abschnitte knapp mit Wasser bedecken und auskochen. Den Sud mit Zitronensaft, Salz, Pfeffer und einer Prise Zucker würzen und die auf 4 cm Länge zurecht geschnittenen Spargelstücke knapp darin garen. Herausnehmen und warm stellen. Spargelsud mit dem Fischsud und der Sahne auf einen Liter auffüllen und abbinden. Die Kräuter fein hacken und hineingeben, Fischstücke, Spargel und abgetropfte Krabben zufügen und die Suppe nun nicht mehr kochen lassen. Mit gehackter Petersilie bestreut servieren.

Seezungenfilets mit Weißkohl und milder Kümmelsauce

2 fein gewürfelte Schalotten
Butterschmalz
¼ l Weißwein
½ l Fischfond
¼ l Crème Double
1 TL fein gehackter Kümmel
Salz
1 Prise Cayennepfeffer
Zitronensaft
1 EL geschlagene Sahne
20 ml Kümmelschnaps (z. B. Aquavit)
1 kleiner Kopf Weißkohl
100 ml Geflügelbrühe
Pfeffer, gemahlener Kümmel
8 Seezungenfilets

Darf in diesem Buch ein Rezept des rheinland-pfälzischen Spitzenkochs fehlen? Keinesfalls, er steuert sogar deren zwei bei (siehe auch Seite 82). Hier kommt das erste von Helmut Thieltges, Patron und Küchenchef vom „Waldhotel Sonnora“ in Dreis bei Wittlich in der Eifel (3 Sterne im Guide Michelin).

Die Schalotten in Butter andünsten, mit Weißwein und Fischfond aufgießen und völlig einkochen lassen. Die Crème Double angießen, Kümmel zugeben und langsam zum Kochen bringen. Um ca. ein Drittel einkochen lassen und durch ein feines Sieb passieren. Mit dem Pürierstab einige eiskalte Butterstückchen untermixen und mit Salz, Cayenne und Zitronensaft abschmecken. Vor dem Servieren die geschlagene Sahne und den Kümmelschnaps unterrühren und die Sauce nochmals luftig-schaumig aufschlagen.
Die Weißkohlblätter ohne die dicken Blattrippen in ca. 2 cm lange Rauten schneiden und in Butter mit anschwitzen, mit dem Geflügelfond aufgießen und nicht zu weich dünsten. Mit Salz, Pfeffer und wenig gemahlenem Kümmel abschmecken und in großen, tiefen Tellern anrichten. Die Seezungenfilets mit Salz, Pfeffer und Zitronensaft würzen und in Butterschmalz schön golden braten, aber nicht zu lange, damit sie saftig bleiben. Auf den Weißkohlrauten anrichten und mit der heißen Sauce umgießen. Als Beilage passt wilder Reis.

Rote Meerbarbe mit Muselette und geschmolzenen Tomaten

Während meiner Kindheit wurde zu Hause recht einfallslos gekocht, was für mich reichte, da ich außer Ravioli und Dosenerbsen eh' nichts mochte. Seelachsfilet, nach dem die Wohnung noch eine ganze Woche lang „duftete", brachte mich selbst dann nicht auf Trab, wenn mir mein Großvater ein Transistor-Radio als Belohnung in Aussicht stellte.
Dann die erste Reise nach Südfrankreich. Und dort lernte ich eine ganz neue Kultur mit einer anderen, mir bislang nicht bekannten Lebensphilosophie kennen: Sich Zeit nehmen zum Essen und diese auch für Gespräche nutzen. Das Essen war einfach, aber die Tomaten hatten Aroma, der Fisch war frisch und saftig, das Brot knusprig, und überall auf den Märkten roch es nach Melonen. Ich kehrte heim, beseelt von dem Gedanken, so eine Art von Tafelkultur einzurichten. Eine ausgediente Bäckerei war rasch angemietet und mit geliehenem Geld zunächst eine Weinstube darin eröffnet. So langsam erlernte ich dabei auch das Handwerk eines Kochs, es sollte jedoch noch ein paar Jahre dauern, bis diese Anstrengungen in den einschlägigen Schlemmerführern belohnt wurden. Das 25-jährige Bestehen meiner Backmulde konnte ich bereits feiern.

Gunter Schmidt, Patron und Küchenchef des Restaurants Backmulde in Speyer, brauchte seine Zeit, bis er zum Kochen kam. Stark beeinflusste ihn die Art von Küche, die er im Süden Frankreichs kennen lernte, die südlichen Fische und Gemüse nicht minder, wie sein Rezept zeigt.

- 2 vollreife Tomaten
- 2 Muselettes
- 2 Schalotten
- 1 Handvoll entsteinte, schwarze Oliven
- Olivenöl
- 4 halbe, unbehandelte Zitronenscheiben mit Schale
- 1 EL Kapern
- Salz, Pfeffer
- einige Stängel Thymian
- Noilly Prat (trockener Wermut)
- 8 Meerbarbenfilets (Rougets) von je ca. 60 g

Tomaten häuten und die Kerne entfernen, in feine Würfel schneiden, die Muselettes in Scheibchen, die Schalotten würfeln, die Oliven halbieren. Alles zusammen in einer Kasserolle in Olivenöl andünsten, salzen, pfeffern, Thymian zugeben, mit Noilly Prat ablöschen, weiteres Olivenöl, die Zitronenscheiben und Kapern zugeben, warm stellen. Derweil die Filets in einer beschichteten Pfanne in Öl auf jeder Seite maximal 2 Minuten anbraten, würzen und auf vorgewärmten Tellern zusammen mit den Aromaten anrichten. Dazu passt trockener, säurearmer, leichter Weißburgunder oder Chardonnay aus der Pfalz.

Tipp
Muselette heißt das Baby des Flaschenkürbisses aus Nizza, der auch in Italien heimisch ist, äußerlich einem Zucchino ähnelt, aber viel nussiger schmeckt, und im Sommer auch in meinem Garten heranreift.

Geschmorte Putenoberschenkel

Beize
- 2 EL Öl
- 4 Tropfen Tabasco
- 1 TL Honig
- 4-5 Spritzer Sojasauce
- 1 Schuss Weinbrand
- Zwiebelsalz

Pilaw-Reis
- 2 Tassen Langkornreis
- Saft einer halben Zitrone
- 1 fein gehackte Schalotte
- 1 EL Olivenöl
- 3 Tassen Brühe

- 2 Putenoberschenkel
- Geflügelgewürz
- 1 Glas trockener Weißwein (oder Apfelwein)
- 2 Schalotten, fein gehackt
- 1 durch die Presse gedrückte Knoblauchzehe
- ½ l Geflügelbrühe
- ⅛ l Sahne
- 1 EL Stärke
- Öl, Pfeffer, Salz

Von 1944 bis 1946 war ich als Kriegsgefangener in der Stadt Frederik in Maryland/USA. Dort wurde ich als Koch ausgebildet und hatte bald den Ruf, der beste Saucenkoch aller Zeiten zu sein. Von den amerikanischen Köchen lernte ich die Zubereitung des Putengerichts. In den USA kommt es vor allem zu Weihnachten und am Thanksgiving Day auf den Tisch. Hierzulande kommt die Pute auf Familienfeiern sehr gut an, und viele Hausfrauen haben das Rezept von mir übernommen.

Erich Jackel aus Bendorf-Sayn im Westerwald weiß, dass bereits zwei Putenoberschenkel groß genug sind, damit 4 Personen leicht davon satt werden. Wenn sie von artgerecht aufgezogenen Tieren stammen, schmecken Putenschenkel erst richtig gut.

Die Zutaten für die Beize gut miteinander vermischen und leicht erwärmen, damit sich der Honig auflöst. Die Schenkel damit einpinseln, mit Geflügelgewürz bestreuen, in ein enges Gefäß legen und mit dem Wein begießen.
1 bis 2 Tage marinieren, zwischendurch mehrmals wenden. Die gut abgetropften (Beize auffangen!) und abgetrockneten Schenkel im heißen Öl von allen Seiten in einem Schmortopf anbraten, gehackte Schalotte und Knoblauch zufügen, kurz mit anschwitzen, mit der Brühe und der Beize ablöschen und im Ofen schmoren. Pro Zentimeter Fleischhöhe berechnet man 12 Minuten Garzeit; Heißluft bei 160 Grad, sonst 180 bis 200 Grad.
Das Fleisch aus dem Ofen nehmen und mindestens 10 Minuten warm gestellt ruhen lassen, bevor man es anschneidet. Den Sud etwas einkochen lassen, Sahne angießen, das Stärkemehl mit etwas Wasser anrühren und die Sauce damit binden. Mit Pfeffer und Salz abschmecken. Das in Scheiben geschnittene Fleisch 5 Minuten in der Sauce ziehen lassen, bevor man es serviert. Dazu schmecken grüner Salat und körniger Pilaw-Reis.
Den Reis gut waschen, abtropfen lassen, mit dem Zitronensaft verrühren und 1 Stunde stehen lassen. Die Schalotte im heißen Öl andünsten, den Reis hinzugeben und mit der Brühe auffüllen. Bei geschlossenem Deckel 20 Minuten auf kleinster Flamme köcheln lassen, bis der Reis die Flüssigkeit aufgesogen hat und körnig-gar geworden ist. Trotzdem aufpassen, dass er nicht anbrennt.

Perlhuhnbrust mit Holundersauce

600 g	Perlhuhnbrust
	etwas Mehl
	Butterschmalz
2 EL	Butter
1	Prise Zucker
6 EL	Holundergelee
2 EL	Balsamico-Essig
400 ml	Bratensaft
	Salz, Pfeffer

Heike Dummer aus Wachtberg bei Bad Neuenahr serviert Perlhuhnbrust einmal anders:

Die Perlhuhnbrüste salzen und in wenig Mehl wälzen. Im mittelheißen Butterschmalz anbraten und bei mittlerer Hitze im Backofen ca. 15–20 Minuten garen. Die Butter schmelzen und den Zucker darin karamellisieren. Holundergelee zugeben und ebenfalls leicht karamellisieren. Mit dem Essig ablöschen und fast ganz verdampfen lassen. Den Bratensaft zugeben und alles ein wenig aufkochen lassen. Abschmecken und mit dem Fleisch servieren. Als Beilage machen sich kleine Reibekuchen gut.

Zur bestandenen Prüfung meines Ehegatten als Ausbilder wollte ich dieses fabelhafte Rezept ausprobieren. Natürlich kannten wir das Huhn persönlich, denn wir leben auf dem Dorf, und unser Nachbar wollte es für uns erlegen. Das Huhn fühlte sich jedoch so sehr in unser Nachbarschaftsverhältnis integriert, dass es am Abend vorher ausbüchste. Also kauften wir uns ein Huhn, welches wir dann nicht mit Namen kannten und mit dem wir nicht per Du waren.

„Dirty Rice“ oder Hühnerleber mit Reis und Gemüse

150 g Hühnerleber
3 mittelgroße Zwiebeln
5 Zehen Knoblauch
2 Karotten
1 Tasse Reis (parboiled)
2 Tassen Wasser
1 TL Salz
1 EL Butter
150 g grüne Erbsen,
in der Saison frisch, sonst TK
Salz, Pfeffer

Ein texanisches Rezept von Willi Hoch, „einem aus der Pfalz“:

Ich lebe heute in Texas und hier habe ich dieses Gericht als „Dirty Rice“ kennen gelernt. Es wird beim „Barbecue“ (Grillen) als Beilage gegessen. Wann immer meine Mutter aus Bruchmühlbach in der Pfalz mich in Amerika besuchte, sagte sie: „Ich komme nur, wenn du mir den ‚schmutzigen Reis‘ kochst.“ Auch meine texanischen Freunde genießen dieses Gericht auf Wochenendparties, und in der Regel landet nichts im Abfalleimer. Wenn meine Gäste mein Gericht als „Dirty Rice“ bezeichnen, ist das für mich ein ganz großes Kompliment.

Leber würfeln, Zwiebeln schälen und nicht zu fein hacken, Knoblauch schälen und ebenfalls hacken, Karotten schälen und in kleine Würfel schneiden.
Den Reis mit Wasser in einem Topf zum Kochen bringen, offen kochen lassen, bis sich „Krater“ im Reis bilden, dann zudecken und den Reis bei ganz geringer Hitze garen. Ab und zu nachschauen, eventuell vorsichtig Wasser nachgießen.
In der Zwischenzeit in einer geräumigen Pfanne die Butter zerlassen, gehackte Zwiebeln und Knoblauch darin anschwitzen. Die Hitze erhöhen und die Leberwürfel zufügen sowie die Karottenwürfel, dann die Erbsen. Schließlich den Reis unterrühren, salzen, pfeffern und zugedeckt ungefähr 15 Minuten bei geringer Hitze ziehen lassen.

Tomatenhuhn alla italiana

1 Maishuhn
Salz, Pfeffer
etwas Maismehl
Olivenöl
1 große Gemüsezwiebel
4-6 Knoblauchzehen
1 große Dose Flaschentomaten
grobes Meersalz
Mediterrane Kräutermischung
(z. B. Kräuter der Provence)
1 Glas Rotwein

SWR4-Moderatorin Christine Poulet weiß auch eine Geschichte zu ihrem Tomatenhuhn alla italiana:

Das Huhn waschen, trocknen und in zehn bis zwölf Stücke zerteilen. Die Hühnchenteile salzen, pfeffern und mit etwas Maismehl bestreuen. In einem schweren Topf Olivenöl erhitzen und darin die Hühnerteile bei nicht zu großer Hitze goldgelb anbraten. Anschließend beiseite legen.
Gemüsezwiebel grob würfeln und im verbliebenen Olivenöl andünsten. Die ungeschälten und zerdrückten Knoblauchzehen hinzufügen und mit den Tomaten ablöschen, mit grobem Meersalz und Pfeffer würzen. Kräuter und Rotwein hineingeben und unter ständigem Rühren aufkochen.
Hitze zurückschalten und bei niedriger Temperatur zehn Minuten im geschlossenen Topf sanft köcheln lassen. Hühnchenteile in den Topf und weiter köcheln lassen bis sie weich sind. Vor dem Servieren noch einen kräftigen Schuss gutes Olivenöl unterrühren.

Dazu reichen wir frisches Weißbrot, z. B. Ciabatta, oder Rosmarinkartoffeln aus dem Ofen. Das Tomatenhuhn schmeckt heiß wie kalt und auch am nächsten Tag.

In Süditalien feiern die Familien am Ostermontag „pasquetta“, das kleine Ostern. Während wir am Ostersonntag schon zwei mehrgängige Menüs genossen hatten, standen am Ostermontag wie durch Zauberhand bereitet große Picknickkörbe bereit, gefüllt mit eingelegten Auberginen, Weintrauben in Grappa, mit Walnuss und Zedernfrucht gefüllten Feigen, selbstgebackenem Brot, hausgemachtem Wein und oben beschriebenem Tomatenhuhn.

Tomatenhuhn alla italiana

Jetzt konnte es also losgehen zum Picknick: Wasser brauchten wir nicht mitzunehmen, denn wir sollten ja am Fuße eines Wasserfalls speisen. Das Wasser ist so rein und wohlschmeckend, dass am Wochenende die Städter mit den Kanistern kommen, um es sich abzufüllen. Fünf Kilometer malerische Wegstrecke hatte ich geschätzt und mich für leichte Turnschuhe entschieden. Meine italienischen Freunde machten ihrem Ruf aber alle Ehre und standen mit ihren Autos für den Ausflug bereit. Zu Fuß zum Picknick mit Brot und Nudelsalat? Von wegen!

Entenbrust in Weintraubensauce

2	Entenbrustfilets (je ca. 320 g)
½ EL	Traubenkernöl
	Salz, Pfeffer
200 g	kernlose Trauben
125 ml	Rieslingsekt, halbtrocken
½ EL	Zitronensaft
3 TL	Zucker
	Salz, Pfeffer
3 EL	Sahne

Eva Noll aus Billigheim-Ingenheim (bei Landau) steht auf Geflügel, hier kommt ein schnelles, elegantes Rezept:

Die Filets im heißen Öl anbraten, auf der Hautseite zuerst. Salzen und pfeffern. Die Trauben halbieren und in der Pfanne kurz mit anbraten. Mit Sekt und Saft ablöschen und zugedeckt 20 Minuten schmoren lassen. Zucker und Sahne zufügen, noch 5 Minuten ziehen lassen und servieren. Dazu schmecken Bandnudeln und Feldsalat.

Coq au Vin à la Margrit

je 1	Paket getrocknete Herbsttrompeten und getrocknete Judasohren
1	Zwiebel
150 g	Speckwürfel
8	Pouletschenkel
1 l	Weißwein
1 l	Hühnerbouillon

Bis ins schweizerische Riehen, zu Margrit Fuchs, ist der Ruhm von SWR4 gedrungen. Sie wünscht: „En Guede mitenand"!

Die Pilze eine halbe Stunde in warmem Wasser einweichen, Zwiebel hacken und zusammen mit den Speckwürfeln und den Pouletschenkeln anbraten. Mit dem Weißwein ablöschen. Die Hühnerbouillon aufkochen und dazugeben. Das Ganze eine Stunde ganz sanft köcheln lassen. Dazu passen ausgezeichnet trockener Reis und ein Gemüse nach Wahl, Karotten zum Beispiel.

Mein erster Mann wollte mich, als wir uns kennen lernten, mit einem selbst gekochten Dinner verwöhnen. Er versuchte sich an „Coq au Vin". Unglücklicherweise verwendete er ein Suppenhuhn. An einem schön gedeckten Tisch probierte ich bei Kerzenschein das „Coq au Vin". Ich biss in das Hühnchen, doch oh weh, es war wie Gummi. Als mein Mann probierte, wurde sein Gesicht ganz blass. Er verstand nicht, was passiert war. Dann fanden wir im Abfall die Verpackung des Suppenhuhns. Nun war alles klar: es lag nicht an seinen Kochkünsten. Wenn ich heute „Coq au Vin" koche, kontrolliere ich die Verpackung dreimal, ob darin nicht doch ein Suppenhuhn ist.

Hähnchenauflauf

500 g Hähnchenbrust
500 g Kaiserbraten
20 g Butterschmalz
Salz, Pfeffer, Currypulver, Paprika
1 Päckchen Rahmbratensauce
1 Becher Sahne
500 g Champignons, in Scheiben geschnitten
1 EL Butter

Gisela Topol aus Zweibrücken hat das Rezept für einen Auflauf geschickt, bei dem es keine Diskussionen über die Art der Würzung geben dürfte (vorausgesetzt, die Pfeffermühle ist richtig geladen):

Mein Mann, obwohl starker Raucher, besitzt einen sehr guten Geschmackssinn. Wochenlang bemäkelte er bei jeder Mahlzeit einen ihm unbekannten, unangenehmen Beigeschmack. Missgestimmt saß er vor seinem Teller und stocherte darin herum. Da half auch gar nicht, dass ich für ihn jedes Gericht mit einer Extraportion frisch gemahlenem schwarzem Pfeffer, seinem Lieblingsgewürz, versah. Besonders ärgerte er sich darüber, dass keiner seiner Lieben die mysteriöse Geschmacksnuance herausschmeckte. Doch eines Tages wusste ich, dass dem Guten sein Essen ab sofort wieder hervorragend schmecken würde. Hatte ich doch beim Neubefüllen meiner XXL-Pfeffermühle mit Entsetzen festgestellt, dass ich vor Monaten versehentlich statt der schwarzen Pfefferkörner – Wacholderbeeren eingefüllt hatte!

Hähnchenfleisch und Kaiserbraten würfeln und im heißen Butterschmalz kurz anbraten. Gut würzen und in eine Auflaufform geben. Rahmbratensauce nach Vorschrift zubereiten, Sahne unterrühren und über das Fleisch gießen. Über Nacht zugedeckt kalt stellen. Am nächsten Tag die Champignons in der Butter kurz braten, salzen, pfeffern und über den Auflauf geben. Mit Alufolie zudecken und bei 200 Grad für 30 Minuten in den Backofen geben. 10 Minuten vor Ende der Garzeit die Folie abnehmen und den Auflauf leicht bräunen lassen. Mit Reis, Nudeln oder Baguette reichen.

Jagdpastete „Kaiser Wilhelm"

- 1 Becher Buttermilch
- ½ Glas guter Rotwein
- 750 g Wildfleisch ohne Knochen
- Pfeffer, Salz
- Öl oder Butter zum Braten
- 1 Kalbsfuß, in Stücke gehackt (evtl. beim Metzger bestellen)
- 500 g Kalbsknochen
- ½ l Wildfond
- 500 g ausgelöste Schweineschulter
- 2 Zwiebeln
- 1 EL Öl
- 250 g Kalbsleber
- 2 altbackene Brötchen
- 2 Bund Petersilie
- 2 Eier
- Schale von ½ unbehandelten Zitrone
- 2 Päckchen TK-Blätterteig
- 125 g Dörrfleisch in dünnen Scheiben
- 2 EL Kapern
- Eigelb zum Bestreichen

Waltraud Charlotte Buchwald aus Kehlbach (bei Nassau) macht sich große, aber auch lohnende Mühe mit ihrer Jagdpastete:

Das einige Tage in Buttermilch und Rotwein eingelegte Wildfleisch gut abtrocknen, pfeffern, salzen und ringsum anbraten. Die Kalbsfußstücke und die Knochen zugeben, mit der Brühe aufgießen und bei geringer Hitze zugedeckt weich dünsten. Ein Drittel des Wildfleischs in dünne Scheiben schneiden. Vom rohen Schweinefleisch vier dünne Scheiben schneiden, gründlich klopfen, salzen, pfeffern und ruhen lassen.

Eine der Zwiebeln würfeln und in Öl anschwitzen. Restliches Wildfleisch und das übrige rohe Schweinefleisch, die Leber, die eingeweichten und wieder ausgedrückten Brötchen sowie die gedünsteten Zwiebelwürfel und die Petersilienblätter im Mixer pürieren (oder zweimal durch den Wolf drehen). Eier und Zitronenschale zugeben, mit Salz und Pfeffer abschmecken und gründlich durcharbeiten.

Den aufgetauten Teig ausrollen und eine gut eingefettete Pasteten oder Kastenform damit auslegen; ein Viertel für den Deckel zurückbehalten. Die zweite Zwiebel in Ringe schneiden.

Ein Drittel der Farce in der Form verteilen und diese fest auf die Arbeitsfläche aufstoßen, damit sich keine Luftblasen bilden. Jeweils die Hälfte der Wild-, Schweinefleisch- und Dörrfleischscheiben, der Kapern und Zwiebelringe darauf verteilen.

Das zweite Drittel der Farce darüber verteilen und verfahren wie oben beschrieben. Zuletzt mit der restlichen Farce abdecken, alles gut andrücken und die Form nochmals fest auf die Arbeitsfläche stoßen, damit keine Hohlräume entstehen.

Jagdpastete „Kaiser Wilhelm“

Teigdeckel auflegen, Ränder zusammendrücken, aus Teigresten nach Belieben Figuren ausstechen und den Deckel damit verzieren. Zum Schluss die Oberfläche mit Eigelb bestreichen.
Aus dünnem Karton fünf Röllchen mit 2 cm Durchmesser formen und durch den Teigdeckel in die Pastete stecken, als „Schornsteine“.
Bei 200 Grad 90 Minuten backen, dann die Röllchen vorsichtig wieder herausziehen.
Wird die Pastete kalt serviert, seiht man die übrig gebliebene Brühe durch ein feines Sieb, kocht sie auf ½ Liter ein (vielleicht muss man sie auch verlängern) und gießt sie durch die Öffnungen in die noch warme Pastete. Die Form dabei sehr langsam hin und her schaukeln, damit die gesamte Flüssigkeit aufgesogen wird. Die Pastete erst völlig erkaltet aus der Form nehmen.
Dazu schmecken Weißbrot, Butter, süß-sauer eingelegter Kürbis und ein bunter Salat.

Unser Freundeskreis traf sich vor einigen Jahren zu einer Silvesterparty im Westerwald. Zum kalten Buffet steuerten wir einen „Kaiser Wilhelm“ und eine Mousse au Chocolat bei. Leider hatten wir mit beidem nicht so rechtes Glück. Der „Wilhelm“, der von außen wie ein Brot aussah, blieb lange unangetastet. Aber als die erste Scheibe auf einem Teller lag, war das Geraune groß. Und in kürzester Zeit war von der Pastete nichts mehr zu sehen. Auch von dem dicken Glücksschwein aus Marzipan, das wir auf die Mousse au Chocolat gesetzt hatten, war nichts mehr zu sehen. Es war in der weichen Masse untergegangen. Nur die Nasenlöcher guckten noch heraus. Die Gastgeberin fischte es heraus und aß es am nächsten Morgen auf. Mit Messer und Gabel!

Wildschweinleber auf dem Zwiebelbett

1 frische Wildschweinleber
mindestens 5 Gemüsezwiebeln
Butter
Steinsalz, schwarzer Pfeffer, Cayennepfeffer
Weizenmehl
3-4 säuerliche Äpfel

Egon Kreuzer aus Niederirsen (bei Wissen an der Sieg) ist gern und viel an der frischen Luft. Da liegt das folgende Rezept nahe.

Die Leber gründlich waschen, häuten und die großen Adern entfernen. In dicke Scheiben schneiden. Zwiebeln schälen und in Halbringe schneiden. Die Zwiebeln in der heißen Butter vorsichtig bissfest garen, mit Salz, Pfeffer und Cayenne würzen und auf einer vorgewärmten Platte anrichten. In der gleichen Pfanne in heißer Butter die leicht mit Mehl bepuderten Leberscheiben mit Gefühl braten, sodass sie innen noch rosig sind (Egon Kreuzer: „sie sollen noch etwas blutig sein, sonst werden sie hart und trocken"). Erst jetzt mit Cayenne, Pfeffer und Salz würzen. Auf den Zwiebeln anrichten. Die Äpfel schälen, Kerngehäuse ausstechen, in Ringe schneiden und bissfest braten. Auf den Leberscheiben drapieren und sofort servieren. Dazu passt Kartoffelpüree.

Als Getränk passen selbst gepresster Apfelsaft für die Kinder und halbtrockener Rotwein aus der Pfalz oder von der Ahr für die Erwachsenen.

Unlängst machte ich mich mitten in der Nacht auf zu einem Spaziergang durch unsere Wälder bei Beul. Dabei begegnete mir in der Nähe des Raiffeisenturms eine Horde Wildschweine. In der Regel haben die Tiere Angst und machen einen weiten Bogen um nächtliche Besucher. Es war also eine ganz besondere Begegnung. Und nach diesem kleinen Abenteuer machte es mir doppelt so viel Spaß, auf dem Aussichtsturm zu sitzen. Und es hat mich an dieses Rezept erinnert.

Gefüllte Wirsingblätter im Weinsud

Für 6 Personen

6	große Wirsingblätter
800 g	Wildschweinschulter
300 g	Wildschweinleber
2	Wildschweinnierchen
1	Wildschweinherz
3	trockene Brötchen
6	Eier
3 EL	frische Kräuter (Bärlauch, Schnittlauch, Petersilie)
1	Apfel
	Salz, Pfeffer, Muskat
	Raps- oder Olivenöl
	Brühe
	Weißwein
2	Tomaten
1	Knoblauchzehe

Mehlklöße

500 g	Mehl
4	Eier
250-350 ml	Wasser
	Salz

Traubenkraut

1 kg	Weißkohl
120 g	helle Trauben
100 g	Butter
	Salz, wenig Pfeffer
	etwas Zucker
	halbtrockener Weißwein
	heller Traubensaft

Wer das folgende Rezept nachkochen möchte, muss gute Beziehungen zu einem Jäger haben. Für Gerd Weckmüller vom Restaurant Forellenhof Reinhartsmühle in Rudolfshaus bei Kirn im Hunsrück ist es dagegen kein Problem, an Zutaten wie Wildschweinleber, -herz und -nieren zu kommen, denn er jagt selbst – und beschäftigt sich obendrein mit dem Schinderhannes.

Zunächst wollte ich alles andere werden, bloß niemals Koch! Mit zunehmendem Alter stellten sich dann immerhin die Alternativen: Schreiner oder Koch. Da ich als Koch nicht so oft auf kalten Baustellen arbeiten musste und meine Eltern zweckmäßigerweise einen Landgasthof mit Gästehaus aufgebaut hatten, entschied ich mich letztendlich für diesen Beruf und habe es bis heute nicht bereut. Im Moment überlege ich, wie man den wohl bekanntesten Bewohner unserer Region, den Schinderhannes, kulinarisch wieder aufleben lassen kann. Hatte er sich doch dereinst in der Rheinhartsmühle, aus welcher der Forellenhof hervorging, mit Proviant eingedeckt, als er auf der nahegelegenen Schmidtburg Zuflucht suchte.

Die Wirsingblätter putzen, den Strunk flach halbieren und in leichtem Salzwasser weich werden lassen. Die Schulter von Sehnen und Bindegewebe befreien und durch die grobe Lochscheibe des Fleischwolfs drehen. Ebenso gehäutete Leber und Nieren sowie das geputzte Herz. Die Brötchen in kleine Würfel schneiden, mit Eiern und Kräutern vermischen. Den Apfel schälen und dazureiben. Die beiden Massen zusammenrühren, mit Salz, Pfeffer und wenig Muskat würzen. Nochmals gut durcharbeiten. Die Wirsingblätter auf einem Tuch auslegen und trocken tupfen. Nun die Fleischmasse gleichmäßig auf die Blätter vertei-

Gefüllte Wirsingblätter im Weinsud

len und diese zusammenrollen. Einen geeigneten Topf (die Wirsingrouladen sollten dicht nebeneinander liegen) aufstellen und darin etwas Öl erhitzen. Die Rouladen auf allen Seiten leicht anbraten und mit Brühe zur Hälfte auffüllen. Bei ca. 150 Grad für etwa 30 Minuten in den Backofen schieben. Von Zeit zu Zeit abwechselnd trockenen Weißwein und Brühe nachgießen. Kurz vor dem Anrichten gewürfelte Tomaten und gehackten Knoblauch zugeben und abschmecken.

Für die Mehlklöße das Mehl in eine Rührschüssel geben, Eier und Wasser nach und nach zufügen, bis der Teig zähflüssig wird, salzen. Den Teig schlagen, bis er Blasen wirft. Salzwasser aufstellen. Mit einem Löffel den Teig abstechen und diesen dann mit einem zweiten Löffel ins leicht köchelnde Salzwasser abstreifen. Gut durchziehen lassen. Sehr gut schmecken die Mehlklöße auch, wenn man sie nach dem Erkalten kurz in Öl brät. Gut passt dazu auch ein Feldsalat mit Kartoffeldressing.

Für das Traubenkraut den Weißkohl in feine Streifen schneiden, Trauben halbieren und entkernen. Butter in einen Topf geben und das Weißkraut darin glasig anziehen lassen. Würzen und die Trauben zugeben. Mit Weißwein ablöschen, Traubensaft zufügen und im geschlossenen Topf weich dünsten.

Rehschlegel „Jagaloisl“

1 Rehschlegel (Keule)
Wurzelwerk (Karotten, Sellerie, Petersilie)
1 Schalotte
2 Zehen Knoblauch
Salz, Pfeffer
zerstoßene Wacholderbeeren und
Lorbeerblätter nach Geschmack
1 Bund frischer Thymian
Rotwein
Olivenöl
Balsamico-Essig

Tipp
Sehr gut passt auch eine gedünstete Birne dazu. Pro Person rechnet man eine halbe Birne. Die ganzen Birnen schälen, dann halbieren und das Kerngehäuse ausstechen. Die Birnenhälften in 1/8 Liter Weißwein und 1/2 Liter Wasser mit 6 Gewürznelken, 1 Stange Zimtrinde, 1 EL Zucker, 1 Tütchen Vanillezucker und dem Saft einer halben Zitrone weich dünsten. Birnenhälften mit Preiselbeermarmelade füllen und zum Reh reichen.

Auch in der schönen Wachau gibt es SWR4-Hörer. Wie Franz Redl aus Krems, der aufwartet mit einem Wildgericht:

Erster Tag: Knochen vom Rehschlegel auslösen. Rehschlegel in die einzelnen Muskeln zerlegen und dabei alle Sehnen und Häutchen entfernen und aufheben (Ungeübte sollten besser den Wildhändler darum bitten). Für die Beize gewürfeltes Wurzelwerk, in Ringe geschnittene Schalotte und zerdrückten Knoblauch, Gewürze und 1/2 Bund Thymian bereitstellen. Fleisch und Gemüse in einem Topf mit Rotwein bedecken. Mindestens 24 Stunden zugedeckt kühl stellen.
Für die Jus den Knochen in kleine Teile zerlegen und in Olivenöl mit den Abschnitten stark anrösten, dann mit einem Schuss Balsamico-Essig ablöschen und halb Rotwein und halb Wasser aufgießen. Eine Handvoll geputztes, grob zerkleinertes Wurzelwerk und Gewürze hinzugeben, gut 3 Stunden leicht köcheln lassen, dann durch ein Sieb in eine Schüssel passieren und kalt stellen.
Zweiter Tag: Frisches Wurzelwerk würfelig schneiden. Fleisch aus der Beize nehmen und in einer Pfanne in heißem Öl scharf anbraten, salzen, pfeffern und mit der vom Wurzelwerk getrennten Beize aufgießen. Frisches Wurzelwerk und restlichen Thymian hinzufügen, mit der Jus vervollständigen und zugedeckt im Backrohr unter häufigem Begießen bei 150 bis 170 Grad eine Stunde garen.
Fleisch aus der Pfanne nehmen und 10 Minuten rasten lassen. Den Bratensaft und das Gemüse mit einem Pürierstab oder im Mixaufsatz der Küchenmaschine in eine sämige Sauce verwandeln.

Wildschwein-Sauerbraten, dazu...

Gisela Schmitz aus Bad Breisig hat nicht nur einen leckeren, duftenden Braten mit aromatischer Sauce und aparter Beikost anzubieten, sondern erzählt auch eine geradezu aufregende Geschichte dazu:

Unser Feiertagsbraten stand auf dem Herd und brutzelte so vor sich hin. Da fragte meine kleine Tochter: „Was ist da drin?". „Mama brät Wildschwein", antwortete ich. Da klingelte es an der Haustür und ich ging, um zu öffnen. In diesem unbeobachteten Augenblick schob meine Tochter einen Küchenstuhl zum Herd, nahm einen Topflappen, hob den Deckel des Bräters und warf ihr rosafarbenes Spielzeugschwein aus Plastik in den Topf. Als ich zur Tür hereinkam und einen Schrei ausstieß, ließ sie den Deckel fallen. Es kam mir wie ein Wunder vor, dass sie sich nicht verbrannt hatte. Aber erst als ich in den Bräter schaute, sah ich die eigentliche Bescherung.

1 Bund Suppengrün
2 Zwiebeln
4 Tassen Wasser
2 Tassen Essig
8 Pfefferkörner
2 Lorbeerblätter
8 Wacholderbeeren
6 Gewürznelken
schwarzer Pfeffer

750 g Wildschwein aus der Keule (ohne Knochen)
4 EL Bratfett, z.B. Butterschmalz
Salz
1 Stück Speckschwarte
½ Tasse Rosinen
Speisestärke oder Kartoffelmehl

Zwei bis drei Tage vor dem Essen das Suppengrün waschen und zerkleinern, die Zwiebeln vierteln, alles mit dem Wasser und dem Essig bedecken, sämtliche Gewürze – kein Salz! – zufügen, aufkochen und vollständig abkühlen lassen. Anschließend die Beize über das Fleisch gießen und in einer passenden Schüssel 2 bis 3 Tage zugedeckt ziehen lassen, ab und zu wenden.

Das gut abgetropfte und trocken getupfte Fleisch in einem Bräter im heißen Fett von allen Seiten gut anbraten, dabei gut salzen und pfeffern. Die Speckschwarte zufügen und nach und nach die Beize. Zugedeckt garen, ungefähr anderthalb Stunden bei geringer Hitze. Das Fleisch herausnehmen und warm gestellt ruhen lassen. Die Sauce durch ein Sieb geben, die gewaschenen Rosinen zufügen, nochmals gut kochen lassen und leicht andicken. Dazu passen Rotkraut mit Feigen und Ingwer sowie Kartoffelklöße.

...Feigen-Ingwer-Rotkraut

600 g	Rotkraut
1	mittelgroße Zwiebel
ca. 30 g	geschälte Ingwerwurzel
4-5	getrocknete Feigen
2 EL	Olivenöl
4 EL	Rotwein
	Salz, Pfeffer
½	Brühwürfel
1 EL	Butter

Das Rotkraut fein hobeln, die Zwiebel schälen und würfeln, den Ingwer reiben, die Feigen vom harten Stielansatz befreien und zerkleinern. Alles zusammen in einem Topf in Olivenöl andünsten. Rotwein zufügen und einen guten Schuss kochendes Wasser. Salzen, pfeffern und den Brühwürfel dazugeben. Bei mittlerer Hitze etwa 1 Stunde kochen, abschmecken und zum Schluss mit Butter abrunden.

Hasenpfeffer

25 g Butterschmalz
50 g Dörrfleisch
1 möglichst junger Wildhase, ganz gehäutet und in 10 Teile zerlegt
1 mittelgroße Zwiebel
2 Gewürznelken
1 Karotte
2 Stängel Staudensellerie
¾ l Hühnerbrühe
1 Gewürzsträußchen („Bouquet garni") aus: Thymian, Lorbeerblatt und Petersilienstängeln
Saft einer halben, frisch gepressten Zitrone
3 EL Vollkornmehl
¼ l Hasenblut
6 EL Rotwein oder Johannisbeergelee

Tipp
Viele werden sich an Clemens Wilmenrod, den ersten Fernsehkoch Deutschlands, erinnern. Auch er war Rheinland-Pfälzer und stammte aus Willmenrod bei Westerburg im Westerwald. Er fügte seinem rustikalen Hasenpfeffer („eine Wintermahlzeit für Männer") das leichter zu beschaffende Schweineblut hinzu sowie Zwetschenkraut (Latwersch). Es kam in der Suppenterrine, mit mehlig kochenden Salzkartoffeln, auf den Tisch und wurde aus Suppentellern mit dem Löffel gegessen.

Wilma Amelung aus Mainz kann nicht nur mit Hasenpfeffer, sondern auch mit einer lustigen Geschichte dazu aufwarten:

Auf einer Hochzeitsfeier in meiner Familie gab es als Höhepunkt den Hasenpfeffer. Für viel Aufsehen aber sorgte die Vorspeise, eine Eierschwämmchen-Suppe. Denn die hätte fast einen Eklat verursacht.
Die Hochzeitsgäste saßen in bester Stimmung beim Festtagsschmaus in der guten Stube beieinander. Onkel, Tanten, Kinder und auch „Ali", Onkel Willis Hund, waren zugegen. Nach der Suppe wurde die Hauptspeise aufgetragen, und da der Tisch zu klein war, stellte man die Suppenterrine einfach auf den Fußboden. Onkel Willis „Ali" bemerkte dies und machte sich kurzerhand über den Rest der leckeren Eierschwämmchen-Suppe her. Das gefiel zwar nicht allen Gästen, aber es wurde viel gelacht, und es war ein sehr harmonisches Familienfest.

Butterschmalz in einem Bräter erhitzen, gewürfeltes Dörrfleisch und die Hasenteile darin anbraten. Die Zwiebel mit den Nelken bestecken, zusammen mit zerkleinerter Karotte und Sellerie zufügen und mit so viel Brühe aufgießen, dass alles bedeckt ist. Gewürzsträußchen und Zitronensaft zugeben und bei geschlossenem Deckel und 170 Grad ca. 3 Stunden garen. Einige Minuten vor Ende der Garzeit das Mehl mit etwas Wasser anrühren, das Hasenblut einrühren, mit dem Wein in den Bräter gießen und auf diese Weise den Sud binden. Bouquet garni und die gespickte Zwiebel herausnehmen, nochmals aufkochen und servieren. Rotkraut und Kartoffelklöße schmecken gut dazu, breite Nudeln oder Spätzle aber auch.

Gefüllte Schweinebrust

- 2 kg Schweinebrust, die man sich vom Metzger wie eine Tasche aufschneiden lässt
- 500 g Schweinegehacktes
- 500 g Rindergehacktes
- 2 eingeweichte Brötchen vom Vortag
- 2 Eier
- 1 geriebene Zwiebel
- ca. 100 g Paniermehl
- Salz, Pfeffer, Paprikapulver
- frische Gartenkräuter nach Geschmack
- 2 hart gekochte, geschälte Eier
- Butterschmalz

Mayonnaise

- 1 Eigelb
- Salz, Pfeffer
- 1 TL Senf
- 1 EL Essig
- ¼ l Öl

Remoulade

- 250 g Quark
- Salz, Pfeffer, Senf
- 1 Prise Zucker
- 3 fein gewürfelte Gewürzgurken
- 3 hart gekochte und gewürfelte Eier
- gehackte Petersilie

Karin Seul aus Monreal bei Mayen in der Eifel erzählt, was die Brust ihrer Schwiegermutter mit ihrem Rezept zu tun hat.

Aus den Zutaten die gut abgeschmeckte Füllung herstellen und damit die Fleischtaschen füllen. Jedoch nicht zu stramm, denn die Füllung dehnt sich beim Garen aus. Die hart gekochten Eier in die Mitte hineindrücken und die Taschen mit Spießen verschließen oder zunähen. Das Fleisch auch von außen würzen. Die gefüllte Brust im heißen Butterschmalz von allen Seiten anbraten, etwas Wasser angießen und im Backofen bei 200 Grad anderthalb Stunden zugedeckt garen. Gegen Ende der Garzeit den Deckel abnehmen und noch etwas bräunen lassen.
Dazu schmeckt Remouladensauce, für die zunächst eine Mayonnaise bereitet wird: Die zimmerwarmen Zutaten in einen Becher geben, den Mixstab auf dem Boden ansetzen, höchste Stufe einschalten und langsam hochziehen – fertig ist die Mayonnaise.
Für die Remouladensauce alle Zutaten unter die Mayonnaise rühren, abschmecken und zu der in Scheiben geschnittenen Gefüllten Schweinebrust servieren.

Als meine Schwiegermutter noch lebte, wurde die jährliche Kirmes im großen Verwandtenkreis gefeiert. Die Spezialität meiner Schwiegermutter war Gefüllte Schweinebrust mit Remouladensoße. Dann war es mal wieder soweit! Kalt aufgeschnittene Schweinebrust wurde als Vorspeise serviert, und es schmeckte allen vorzüglich. Die Köchin wartete auf ein Lob. Vergeblich! Also nahm sie die Sache selbst in Angriff: „Sagt mal, schmeckt meine Brust dieses Mal nicht besonders gut?!“ Eine Frage, über die freilich noch Jahre später geschmunzelt wurde.

Kassler im Gemüsebett oder Zigeunerbraten

2½ kg gepökelter Kassler ohne Knochen
3 bunte Paprika
2 große Zwiebeln
1 Tasse TK-Mais
1 Tasse TK-Erbsen
Salz, Pfeffer
1 Glas Champignonsud
300 ml Spätburgunder
Speisestärke
Sahne

Evelyne Sisterhenn aus Boppard weiß sich zu helfen.

Kassler mit Sauerkraut stand auf dem Speiseplan. Nun war zwar Kassler vorhanden, aber es gab kein Sauerkraut mehr. Nach kurzer Überlegung kochte ich stattdessen Kassler im Gemüsebett.

Kassler in einen großen Bräter legen, darauf die bunten Paprika, in Streifen geschnitten, und zwei dicke Zwiebeln, in Scheiben geschnitten, dann den Mais und Erbsen darüber geben. Etwas Salz und Pfeffer über das Gemüse streuen, mit dem Champignonsud und dem Spätburgunder aufgießen. Den Bräter schließen und das Ganze zwei Stunden bei 180 Grad garen. Dann das Fleisch herausnehmen, den Sud leicht abbinden, gut würzen und mit Sahne verfeinern. Nun das Fleisch aufschneiden und in das Gemüsebett legen. Dazu serviere ich Kartoffelpüree und Feldsalat aus dem Garten.

Allen in der Familie hat dieses Gericht so gut geschmeckt, dass ich es auch häufiger Gästen serviere. Einer erwähnte, er habe so ähnlich einmal Zigeunerschnitzel gegessen. Seither heißt dieses Gericht bei uns Zigeunerbraten.

Rinderfilet im Wiesenheu

1 kg Mittelstück vom Rinderfilet, gut abgehangen und sauber pariert

Marinade

- 1 EL geschroteter Pfeffer
- frisch gezupfter Thymian
- Basilikum, Rosmarin, Kerbel, Petersilie
- 2 Knoblauchzehen
- Wacholder
- 2 EL Olivenöl

- Frisches, duftendes Wiesenheu (möglichst vom Bio-Bauern)
- Sellerie
- Lauch
- Karotten
- Kräuterbündel (aus Lorbeerblatt, Thymian, Petersilienstängeln)
- ½ l Kalbs- oder Rinderbrühe
- ½ l kräftiger, rheinhessischer Wein

Das Rinderfilet 24 Stunden mit den genannten Zutaten marinieren. Am nächsten Tag das Heu mit heißem Wasser abspülen und mit dem geputzten, zerkleinerten Wurzelwerk (Sellerie, Lauch, Karotten) und dem Kräuterbündel in einen Topf packen, Brühe und Wein angießen. Das Filet auf das Heu setzen und mit Heu abdecken. Den Topf verschließen und bei 180 Grad für 30 Minuten im Ofen garen. Vor dem Anschneiden unbedingt 20 Minuten im Topf warm gestellt ruhen lassen! Damals gab es dazu Maisküchlein und mit jungem Gemüse gefüllte Kohlrabi.

Wolfgang Dubs, Patron und Küchenchef der Rôtisserie Dubs in Worms-Rheindürkheim verrät ein Rezept, das aus der Not geboren wurde, sich dann als große Köstlichkeit erwies und sogar zu bundespräsidialen Ehren gelangte:

Wir schrieben das Jahr 1981, als die Staatskanzlei den Besuch des Bundespräsidenten Carl Carstens ankündigte und uns mit der Ausrichtung eines Banketts für 80 Personen auf Schloss Herrnsheim beauftragte. Bei der Planung für das 4-Gang-Menü mit regionalen Produkten musste bedacht werden, dass es im Schloss keine Küche gab. Das war für mich, als junger Patron-Chef, eine große Herausforderung. Obwohl wir noch im Aufbau waren, nur wenig Einrichtung für Catering und auch nicht die entsprechende Ausrüstung besaßen, wollten wir unsere Kreativität unter Beweis stellen. Ich erfand daraufhin das Hauptgericht „Rinderfilet im Heu". Und siehe da, die Überraschung gelang, das Filet war während des Transportes von unserem Restaurant zum Schloss Herrnsheim (6 km) perfekt gegart, der Präsident des Lobes voll.
Ein Filet im Heu, das kannte er noch nicht. Nach Presseveröffentlichungen wurden viele Gäste neugierig, und wir haben es auf unsere Karte genommen. Es gelangte nach London und Toronto und löste Begeisterung bei Kreuzfahrten aus. „Die Entdeckung eines neuen Gerichtes ist für die Menschheit wichtiger als die Entdeckung eines Sternes" (Brillat-Savarin).

Zwiebelroastbeef

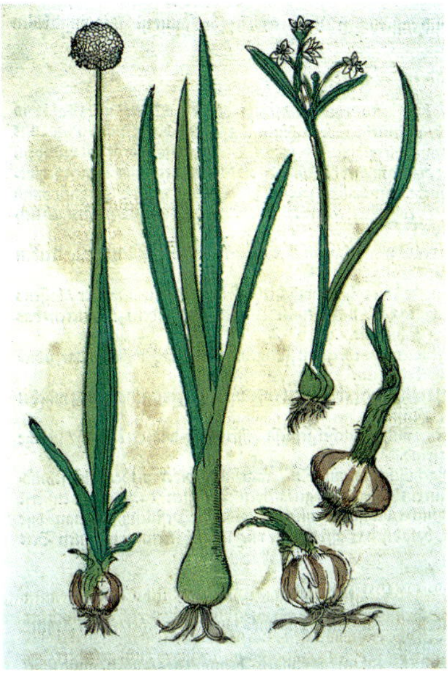

1,5 kg	Roastbeef
1 EL	Senf
	Salz, Pfeffer
750 g	kleine Kartoffeln
ca. 40 g	Butter
250 g	Zwiebeln
2 EL	Öl
1	Bund Petersilie

Gaby Roßmann aus Zornheim in Rheinhessen schätzt dieses Gericht als ihr Weihnachtsrezept ganz besonders.

Roastbeef mit Senf bestreichen, salzen und pfeffern. Den Rost in den Backofen legen, die Bratenpfanne darunter schieben und ¼ l Wasser hineingeben. Den Backofen auf 250 Grad einstellen. Die Kartoffeln waschen, schälen und in die Bratenpfanne des vorgeheizten Backofens legen. Das Roastbeef auf den Rost geben und mit der heißen Butter übergießen. Roastbeef mit Kartoffeln ungefähr 45 Minuten garen lassen. Roastbeef zwischendurch immer wieder mit dem Bratensaft begießen. Zwiebeln schälen, in dünne Ringe schneiden und im Öl ausbacken. Roastbeef zur Hälfte aufschneiden, auf einer Platte anrichten und mit Zwiebelringen bestreuen. Gebackene Kartoffeln mit gehackter Petersilie bestreuen und separat servieren.

Dieses Rezept haben wir das erste Mal an Weihnachten 1980 ausprobiert. Und waren so begeistert, dass es das Roastbeef seither jedes Jahr am Heiligen Abend gibt. Der Grund für das Experiment war folgender:
Wir lebten in den achtziger Jahren beruflich bedingt in Saudi-Arabien. Zu Hause in Deutschland gab es Weihnachten oft Spießbraten, in Saudi-Arabien aber gab es kein Schweinefleisch. Also musste ein Rezept mit Rind-, Kalb- oder Geflügelfleisch her. Wir haben uns dann für das Zwiebelroastbeef entschieden, und es schmeckt immer wieder ausgezeichnet.

Rindfleisch nach Wildbret-Art

Else Schrader aus Burgbrohl in der Eifel, Malerin und mehr als 90 Jahre alt, pflegt seit Jahren nach dem Aufstehen den Radioknopf zu drücken und den ganzen Tag SWR4 zu hören.

Für das Rezept habe ich in den achtziger Jahren vom Landfrauen-Verband den ersten Preis bekommen. Später gab ich es dem Koch, der das Festessen für unsere Goldene Hochzeit zusammenstellte. Er war so begeistert von dem Gericht, dass er es in sein Speisenrepertoire für Familienfeiern aufnahm.

- 2 Zwiebeln
- 1 Knoblauchzehe
- 2 Lorbeerblätter
- Wildgewürz
- ½ l trockener Rotwein
- 750 g Oberschale oder Hochrippe, kurz und dick geschnitten
- Salz, Pfeffer
- 25 g Butter
- 25 g Gänseschmalz
- 3 g Pilzgewürz
- je 50 g Himbeeren, Heidelbeeren und Preiselbeeren, frisch oder tiefgefroren
- 1 Becher Sahne
- ¼ l Bouillon

Zwiebeln und Knoblauch schälen, hacken, mit dem Lorbeer, dem Wildgewürz und dem Wein aufkochen und abkühlen lassen. Das Fleisch für 3 Tage darin marinieren, ab und zu wenden. Herausnehmen, trocken tupfen, salzen und pfeffern. In einem Bratentopf die Butter und das Gänseschmalz erhitzen und das Fleisch von allen Seiten darin anbraten, mit dem Pilzgewürz bestreuen. Mit der Beize (ohne die Lorbeerblätter) aufgießen und im Backofen bei 200 Grad Umluft gut eine halbe Stunde schmoren lassen. Das Fleisch herausnehmen und in Alufolie gewickelt warm stellen. Die Beeren in den Sud geben und aufkochen lassen. Mit Sahne und Brühe auffüllen und abschmecken. Die Sauce durch ein Sieb streichen und eventuell binden. Dazu Kartoffeln mit Rotkraut oder Rosenkohl servieren.

Italienische Rouladen

- 4 Scheiben Rindsrouladen
- Salz, Pfeffer
- 4 EL Tomatenmark
- 8 Scheiben Salami
- 1 Zwiebel
- 2 Knoblauchzehen
- Butterschmalz zum Braten
- 1 EL Oregano
- 1 Päckchen passierte Tomaten
- Sahne
- Saucenbinder

Das Gericht, für das Angelika Malon aus Brauneberg an der Mosel ihr Rezept geschickt hat, muss unbedingt am Vortag zubereitet werden.

Die Rouladen klopfen, salzen, pfeffern und mit Tomatenmark bestreichen. Je 2 Scheiben Salami darauf legen, die gehackte Zwiebel und den durch die Presse gedrückten Knoblauch darüber geben. Aufrollen und mit Zwirn fest zusammenbinden. Im heißen Fett rundum gut anbraten, dabei salzen und pfeffern. Oregano zufügen sowie die passierten Tomaten und 1 Stunde bei geringer Hitze zugedeckt schmoren lassen. Den Sud mit Salz und Pfeffer abschmecken, die Rouladen im Topf auf der Herdplatte erkalten lassen und über Nacht kühl stellen. Tags darauf wieder erhitzen, die Sauce mit Sahne verfeinern und evtl. mit wenig Saucenbinder andicken. Dazu gibt es Nudeln und grünen Salat, der mit Essig und Öl angemacht wird.

Gefüllte Kalbsschnitzel

Rita Christmann aus Fischbach an der Nahe besitzt dieses Rezept bereits seit über 30 Jahren.

In den siebziger Jahren ereilte ein harter Schicksalsschlag meine Familie: Unsere vierzehnjährige Tochter wurde auf einem Zebrastreifen angefahren und kam mit schweren Verletzungen ins Krankenhaus. Als sie nach vielen Monaten endlich wieder nach Hause durfte, war ihr größter Wunsch das „Gefüllte Kalbsschnitzel". Natürlich bekam sie es, und sie war - wie wir alle - überglücklich.
Entdeckt hatte ich das Rezept einige Jahre zuvor. Es war in einer Hörfunksendung des SWF vorgestellt worden: von Horst Scharfenberg in der „Blick-ins-Land"-Sendung am 11.12.1976.

100 g Butter
2 kleine Zwiebeln
100 g roher Schinken
100 g Tatar
1 Eigelb
2 EL saure Sahne
100 g Pfifferlinge
1 EL gehackte Petersilie
Pfeffer und Salz
4 große, dünne Kalbsschnitzel

1 EL Butter in einer Pfanne erhitzen und die gehackten Zwiebeln darin glasig dünsten. Abgekühlt mit dem klein gehackten Schinken, Tatar, Eigelb, Sahne, den gehackten Pfifferlingen und der Petersilie vermischen. Mit Pfeffer und Salz abschmecken. Die Schnitzel ebenfalls würzen und die Füllung auf je eine Hälfte geben. Die zweite Hälfte darüber klappen, mit Zahnstochern fest stecken, das Ganze in Öl von jeder Seite goldgelb anbraten und zugedeckt zart dünsten.
Dazu reicht man Kroketten aus der Tiefkühltruhe und beliebige Salate.

Eingemachtes Kalbfleisch

500 g	Kalbfleisch aus Brust, Schulter oder Keule, in Gulasch-Würfel geschnitten
40 g	Butter
2	Stangen Lauch
2	Karotten
½	Sellerieknolle
1	große Zwiebel, mit 2 Gewürznelken besteckt
	Salz
1	Stück ungespritzte Zitronenschale
½ l	Gemüsebrühe (Cenovis, aus dem Reformhaus)
4	feine Bratwürste
1 EL	Mehl
⅛ l	trockener Weißwein
1 EL	Zitronensaft

Christa May aus Alsenz (bei Bad Kreuznach) lernte in jungen Jahren noch so richtig kochen, im Haushalt, wohlgemerkt.

Es war 1952, als ich nach Abschluss der Volksschule (die heute Hauptschule heißt) eine Lehrstelle als Schneiderin suchte, aber keine fand. Es ergab sich indes, dass ich ein so genanntes „praktisches Haushaltsjahr" in der entfernteren Verwandtschaft beginnen konnte. So reiste ich, 14-jährig, von der Pfalz ins Schwabenland zu einer Familie mit fünf Kindern. Die älteste Tochter war in meinem Alter, der jüngste Sohn war drei. Hier lernte ich, neben allem, was im Haushalt zu tun war, wie Fenster putzen, Strümpfe stopfen, Hemden bügeln, auch kochen. Es handelte sich um eine einfache Küche, die wenig Fleisch verbrauchte. Ein Gericht blieb mir in guter Erinnerung, und wenn unser Metzger zu Feiertagen Kalbfleisch anbietet, koche ich es. Bei meiner Familie ist es sehr beliebt, auch die Enkel mögen es.

Das Fleisch in der heißen Butter anschwitzen, das klein geschnittene Gemüse, Zwiebel, Salz und Zitronenschale zufügen, mit der Gemüsebrühe aufgießen und bei sanfter Hitze zugedeckt garen. Zwiebel herausnehmen. Das Brät der Würste aus der Pelle drücken, zu Bällchen formen, in den Topf geben und kurze Zeit ziehen lassen. Eine Mehlschwitze herstellen, mit einem Schuss Brühe ablöschen, in den Topf geben, durchkochen, Wein und Zitronensaft angießen und abschmecken. Bei Kleinkindern am Tisch kann man den Wein auch weglassen. Dazu serviert man Reis und grünen Salat.

Gefüllte Kalbsbrust

1 ½ kg	ausgelöste Kalbsbrust
	Salz, Pfeffer
	Füllung
300 g	mageres Hackfleisch
2	Eier
1	eingeweichtes Brötchen, gut ausgedrückt und zerkleinert
	Muskat
	Salz und Pfeffer nach Geschmack
1	großer Bund Petersilie
1	gehackte Zwiebel
	Zum Braten
	Bratfett
1	dicke Zwiebel
	Brühe zum Ablöschen
1	Tomate
	Mehl zum Andicken
1	Schuss Sahne

Anneliese Zock-Erkens aus Trier-Ruwer erweist einem Klassiker der gutbürgerlichen Küche die Ehre.

Vom Metzger eine Tasche in das Fleisch schneiden lassen. Die Füllmasse gut verkneten, in die Tasche füllen und diese gut zunähen oder notfalls mit Rouladennadeln dicht verschließen. Von außen mit Salz und Pfeffer einreiben. In heißem Fett gut braun anbraten, zum Schluss eine zerteilte Zwiebel mitbraten und dann mit Brühe ablöschen. Jetzt in die Fettpfanne des auf 250 Grad vorgeheizten Backofens legen und auf die untere Schiene schieben. Eine abgezogene Tomate mitschmoren lassen. Häufig begießen. Nach etwa anderthalb Stunden herausnehmen, die Sauce nach Bedarf verlängern und mit Mehl andicken. Mit einem Schuss Sahne verfeinern. Die Kalbsbrust aufschneiden und getrennt zur Sauce servieren.
Dazu isst man in Trier Blumenkohl in holländischer Sauce und Salzkartoffeln.

In Trier aß man schon immer gut, auch zu Großmutters Zeiten. Die Gefüllte Kalbsbrust war früher die Krönung eines jeden Festmahls! Auch heute noch wird die „fleischgefüllte" Kalbsbrust als nicht alltägliches, feines Fleischgericht hoch gelobt und gerne gegessen.

Lammkeule

1,5 kg Lammkeule
Knoblauchscheiben zum Spicken
2 Zwiebeln
1 Stück Sellerieknolle
1-2 Karotten
Olivenöl
2 Knoblauchzehen
2-3 Zweige frischer Rosmarin
125 g Semmelbrösel
Salz, Pfeffer

Marinade

4 EL Zitronensaft
⅛ l Weißwein
4 EL Olivenöl
100 g fein gehackte Zwiebel
Kräuter (Thymian, Rosmarin, Oregano) nach Geschmack
2 Zehen Knoblauch

Roswitha Schäfer aus Obermoschel (bei Meisenheim am Glan) schwört auf ihren ausgefallenen Weihnachtsbraten:

Die Keule zwischen den Muskelsträngen mit Knoblauchscheiben spicken, mehrmals mit der Marinade bestreichen, in Alufolie wickeln und kühl gestellt 14 Stunden ziehen lassen.
Zwiebeln, Sellerie und Karotten schälen, klein schneiden und in heißem Olivenöl anbraten. Die Keule darauf legen, die Marinade und weiteren Weißwein angießen und zugedeckt ca. eineinhalb Stunden schmoren, zwischendurch häufiger wenden und begießen. Knoblauch durchpressen, Rosmarinnadeln hacken und mit den Semmelbröseln, dem Olivenöl, dem Pfeffer und Salz zu einer Paste verrühren. Damit das Fleisch bestreichen und offen noch ca. 10 Minuten mitbraten lassen. Der Zitronensaft, betont Frau Schäfer, macht's herrlich zart und saftig!

Vor vielen Jahren kam mein Mann ganz stolz mit einer frischen Lammkeule unter dem Arm nach Hause. Igitt, was sollte ich mit einer Lammkeule? Mit Lamm wollte ich nichts zu tun haben! Also verstaute ich die Keule kurzerhand in der Gefriertruhe. Nachdem sich die Keule einige Zeit dort herumgetrieben hatte, stand plötzlich Weihnachten vor der Tür. Mutig verkündete ich überall: Am Heiligen Abend gibt es Lamm. Und das Gericht schmeckte so vorzüglich, dass es seit dieser Zeit kein Weihnachtsfest mehr ohne Lammkeule gegeben hat.

Rheinisch/Rheinhessischer Sauerbraten...

- ½ l trockener Dornfelder
- ⅛ l Pfälzer Rotweinessig
- 2 Zwiebeln
- Suppengrün (Lauch, Möhren, Sellerie, Petersilie)
- 2 Lorbeerblätter
- 6 Pfefferkörner
- 5 Wacholderbeeren
- ½ TL Senfkörner
- 1½ kg Pferde- oder Rindfleisch
- Salz
- 60 g Butterschmalz
- 1 Tomate
- 2 Scheiben Pumpernickel
- 40 g Rosinen
- 1 EL Mehl
- Crème fraîche

Tipp
Als Tischwein passt trockener Dornfelder, als Beilagen empfehlen sich Rotkraut, Apfelmus und Klöße.

Auch Gisela Biontino aus Worms-Abenheim hat Ungewöhnliches zu bieten:

Ein Fleischskandal jagte den anderen, der Lammbraten zu Ostern war bereits ausgefallen. Bei den täglichen Schreckensmeldungen in der Presse hatten wir auch keine Lust auf Rindfleisch. In der Weihnachtszeit aber vermissten wir unseren Festtagsbraten. Da erinnerten mich Kölner Verwandte daran, dass ein richtiger Rheinischer Sauerbraten früher ohnehin aus Pferdefleisch hergestellt wurde. Vom südlichen Rheinhessen bis nach Köln entlang des Rheines ist der Genuss von Pferdefleisch eine alte Tradition. Und so wurde unser Festtagsbraten zum Advent ein echter Rheinisch/Rheinhessischer Sauerbraten.

Den Wein in eine passende Schüssel geben und den Weinessig unterrühren. Dazu die geviertelte Zwiebel sowie das geputzte und klein geschnittene Suppengrün geben. Die Lorbeerblätter, Pfeffer- und Senfkörner und die zerdrückten Wacholderbeeren zugeben. Nochmals umrühren und nun den Braten einlegen. Dieser muss ganz bedeckt sein, also mit dem Wein, wenn nötig, auffüllen. Abdecken und 3-5 Tage kühl stellen.
Das Fleisch herausnehmen, trocken tupfen und salzen. Das Schmalz in einen Bratentopf geben und das Fleisch sorgfältig rundum anbraten. Die Beize durch ein Sieb geben. Das Gemüse, die geviertelte Tomate und etwas Beize dem Braten zugeben. Nun ca. 2 Stunden zugedeckt schmoren lassen und gelegentlich Beize nachgießen. In den letzten 15 Minuten den zerbröselten Pumpernickel zugeben. Das Fleisch herausnehmen, die Sauce durch ein Sieb passieren, Rosinen, Mehl und Crème fraîche einrühren, 5 Minuten köcheln lassen. Mit Salz abschmecken.

...und Hefeknödel nach Uromas Art

Ergibt 12 bis 14 Stück

je 1/8 l Milch und Wasser
je 1 Prise Salz und Zucker
2 Würfel Hefe
1 kg Mehl
1 Ei

Der Sauerbraten mit Hefeknödeln ist ein Gericht aus meiner Kindheit. Es gab ihn jedes Jahr zu Weihnachten. Später wurde er das Leibgericht unseres Sohnes. Als er wieder einmal richtig satt war, schmuste er anschließend mit seiner damals über siebzigjährigen Oma und sagte: „Omi, du bist doch auch schon ein bisschen alt und alte Leute müssen einmal sterben. Aber bevor du stirbst, zeigst du der Mutti, wie du den Sauerbraten und die Knödel machst, sonst gibt es das bei uns nicht mehr." Wir schauten uns an und mussten lachen. Ich versprach ihm, dass ich es auch lernen würde. Nun bin ich selbst Großmutter, und jedes Jahr zu Weihnachten gibt es für die ganze Familie den heißgeliebten Sauerbraten mit Hefeknödeln.

Dafür hat Christel Neubert aus Seifen (bei Altenkirchen im Westerwald) einen speziellen Vorschlag. Sie serviert nämlich zum Sauerbraten Hefeknödel.

Milch und Wasser mischen, Salz und Zucker darin auflösen, in eine Schüssel gießen und die zerkrümelte Hefe darin auflösen. Einige Esslöffel Mehl darunter rühren und den Vorteig gehen lassen. Wenn er sein Volumen verdoppelt hat, das übrige Mehl und das Ei darunter rühren, bis es ein schöner, nicht zu dicker Hefeteig geworden ist. Zugedeckt nochmals gehen lassen. Dann mit einem Löffel Teig abnehmen und 12 bis 14 Knödel formen. Auf ein mit Mehl bestreutes Brett legen und nochmals gehen lassen.
In der Zwischenzeit einen großen Topf zu einem Drittel mit Wasser füllen und ein Baumwolltuch stramm darüber binden. Einen anderen Topf (oder Schüssel) mit gleichem Durchmesser darüber stülpen. Wenn das Wasser kräftig kocht und dampft, Topf oder Schüssel vorsichtig mit einem Ruck abnehmen. Die gegangenen Knödel auf das Tuch legen (nicht zu eng!), Topf oder Schüssel wieder darüber decken und etwa 10 Minuten garen lassen. Die Schüssel nicht vorher abnehmen! Mit einem Spieß in die Knödel stechen und von dem Tuch herabnehmen. Fortfahren, bis alle Knödel gegart sind, das Wasser muss währenddessen immer kräftig kochen, sonst fallen die Knödel in sich zusammen.
Auf dem Teller rupft man die Knödel mit der Gabel vorsichtig auseinander und übergießt sie mit viel Sauce!

Kartoffelgratin mit Birnen und Bacon

Petra Unger aus Mainz leitet nicht nur die Bibliothek des SWR, sondern ist im Funkhaus regelrecht berühmt für dieses Rezept:

Für 2 Personen

500 g	festkochende Kartoffeln
2	Birnen
	Salz, Pfeffer, Muskatnuss
200 ml	Sahne
	geriebener franz. Emmentaler (gibt die beste Kruste!)
4	Scheiben Bacon (dünn geschnittener Speck)
	Butter zum Ausfetten der Form

Den Backofen auf 180 Grad vorheizen. Kartoffeln und Birnen in dünne Scheiben schneiden und abwechselnd in die gebutterte Auflaufform schichten. Die einzelnen Lagen pfeffern, salzen, auf die oberste Lage zusätzlich Muskatnuss reiben. Mit der Sahne übergießen, sie sollte ca. zwei Drittel der Kartoffeln bedecken. Ca. 50 Minuten im Ofen backen lassen (Kartoffeln zum Test mit der Gabel anstechen), dann den Käse und die Baconstreifen darüber verteilen und nochmals 15-20 Minuten bräunen lassen.

Kartoffelrollen

800 g Kartoffeln
100 g Kartoffelstärke
2 Eigelb
1 Handvoll Semmelbrösel
Salz, Pfeffer, Muskatnuss

Füllung
400 g Hackfleisch
100 g Zwiebeln
2 Eier
frische Kräuter nach Belieben
Meerrettich, Senf, Salz

Margot Ehmann aus Moselkern liebt Kartoffeln und kann virtuos damit umgehen, wie ihre Rezepte zeigen: Kartoffelrolle und, man lese und staune, Kartoffel-Eis (siehe Seite 82).

Als Kind musste ich bei der Kartoffelernte im Herbst kräftig mit anpacken. Die Knollen wurden entweder mit dem Karst ausgebuddelt oder mit dem Pflug herausgepflügt, aufgelesen und eingesackt. Ein Hauch von „Goldgräberrausch" überkam uns, wenn an manchen Strünken besonders viele und dicke Kartoffeln zum Vorschein kamen. Wenn der Tag dann zur Neige ging, wurde die Arbeit eingestellt. Mit kräftigem Schwung wurden die Säcke geschultert und auf den Wagen geschafft. Mit dem Pferdefuhrwerk oder mit dem Kuhgespann wurden die Feldfrüchte dann nach Hause gebracht. Für uns Kinder war es ein besonderes Erlebnis, wenn wir nach der harten Arbeit auf dem Kartoffelacker das Kartoffelstroh verbrennen durften. Es gab nichts Schöneres als ein „Kartoffelfeuer", um darin die neuen Kartoffeln zu rösten und sie dann sogleich zu essen. Noch heute sind alle Gerichte mit Kartoffeln für mich ein Festschmaus.

Für die Füllung aus allen Zutaten einen Fleischteig kneten und pikant würzen. Die Kartoffeln schälen, in Salzwasser kochen, auskühlen lassen und durch die Presse drücken. Mit den übrigen Zutaten zu einem festen Teig verarbeiten, diesen in 8 Teile schneiden und auf einer mit Semmelbröseln bestreuten Unterlage zu Rechtecken ausrollen. Diese mit der Füllung bestreichen und wie Rouladen aufrollen. In eine gebutterte Form setzen, mit flüssiger Butter bestreichen und im auf 200 Grad vorgeheizten Ofen 30-40 Minuten backen. Mit grünem Salat servieren.

Gefüllter Kappes

3 Brötchen vom Vortag
750 g gemischtes Hackfleisch
Salz, Pfeffer
6 Zwiebeln, fein gehackt
3 Eier
1 mittelgroßer Kopf Weißkohl
Butter
Mehl
1 Becher Sahne

Als ich vor 45 Jahren in den Westerwald kam, lehrte mich die Großmutter meines Mannes das Kochen. Eines ihrer schönsten Gerichte war der „Gefüllte Kappes“. Den gab es im Herbst, wenn der selbst gepflanzte Weißkohl auf dem Feld abgeerntet war. Und wenn mein Onkel Hubert aus der großen Stadt Köln zu Besuch kam und nicht locker ließ:
„Christel, kannst du noch einmal das mit dem Tuch kochen?!“ So wurde der „Das-mit-dem-Tuch“ die Lieblingsspeise meiner Familie, bis in die jüngste Generation hinein.

Christel Kaulbach aus Wölferlingen (bei Hachenburg im Westerwald) bietet ein Gericht an, das recht viel Arbeit macht. Dafür kostet es wenig, sieht imposant aus und schmeckt prima!

Die Brötchen würfeln und in warmem Wasser eine halbe Stunde einweichen und wieder gut ausdrücken. Diese mit dem Hackfleisch, Salz, Pfeffer, Zwiebeln und Eiern in eine Schüssel geben, gut miteinander verkneten und herzhaft abschmecken.
Die Kohlblätter ablösen und die dicken Blattrippen herausschneiden. Die Blätter in Salzwasser ca. 15 Minuten abkochen, mit einem Schaumlöffel herausheben und gut trocknen. Ein Leintuch in ein Sieb legen und mit einigen Kohlblättern auskleiden. Darauf eine Lage vom Hackfleischteig packen, dann wieder Kohlblätter und so weiter, bis alles aufgebraucht ist. Das Tuch mit einem Einkochgummi so zusammenbinden, dass ungefähr die Form eines Kohlkopfes entsteht. Den Kohl mit dem Tuch wieder in das Kochwasser legen, zum Kochen bringen und etwa anderthalb Stunden leicht köcheln lassen. Danach herausheben und gut abtropfen lassen.
Aus Butter und Mehl eine Schwitze herstellen, mit 1 Liter der Kochbrühe aufgießen und 20 Minuten köcheln lassen. Die Sahne angießen und würzen. Den gefüllten Kohl aus dem Tuch nehmen, in eine große Schüssel setzen und die Sauce darüber gießen. Dazu reicht man Salzkartoffeln.

Spinat-Ricotta-Quiche

Mürbeteig

200 g Weizenmehl
1 gute Prise Salz
100 g Butter
1 Ei, leicht verquirlt
2–3 TL Wasser

Belag

500 g Spinat
20 g Butter
weiche Butter zum Einfetten
3 Eier
200 g Ricottakäse
100 ml Crème double
Salz und Pfeffer
Muskatnuss

SWR4-Moderatorin Iris Kruse hält große Stücke auf ihre Spinat-Ricotta-Quiche:

Für den Belag den Spinat gründlich waschen und putzen, die Butter in einer Pfanne zerlassen und den Spinat zugeben, etwa 8 Minuten dünsten, bis er zusammenfällt, zum Abkühlen in ein Sieb geben und fein hacken.
Den Ofen auf 180 Grad vorheizen, eine Quicheform einfetten und den Teig auf einer bemehlten Fläche ausrollen. Die vorbereitete Form damit auslegen.
Eier mit Käse und Sahne in einer Schüssel vermengen, den Spinat zugeben und mit Salz, Pfeffer und Muskatnuss würzen. Auf den Teigboden gießen und ca. 45 Minuten backen, bis ein Messer, das in die Mitte gestochen wird, sauber bleibt.
Die Quiche auf einem Kuchengitter abkühlen lassen, aus der Form nehmen und bis zum Anschneiden 5 Minuten ruhen lassen.

Zu einem Geburtstagsfest, bei dem es ein üppiges Büfett geben sollte, probierte ich das Rezept für diese vegetarische Quiche das erste Mal aus. Allerdings – Macht der Routine oder Festtrubel? Ich rührte einen süßen Mürbeteig an, so wie man ihn für Obstkuchen zubereitet, und füllte ihn mit dem Spinat und Ricotta. Meine überaus höflichen Gäste haben die Quiche gelobt und geschmunzelt, vor allem, als ich selbst den ersten Bissen probierte und staunte! Richtig zubereitet aber ist diese Quiche unwiderstehlich!

Tipp
Mit dieser Teigmenge kann man zwei 20 cm große Quicheformen auslegen; möchte man nur eine Quiche zubereiten, friert man die andere Hälfte ein.

Röstis

6 Kartoffeln
2 Karotten
½ Sellerieknolle
1 kleine Zucchini
½ Kohlrabi
1 Zwiebel
4 grüne Oliven ohne Stein
1 kleine Stange Lauch
Petersilie und Liebstöckel („Maggikraut“)
4 Eier
Salz, Pfeffer, Muskat
Öl zum Backen

Monika Proske aus Bexbach im Saarland machte einst aus der Not eine Tugend und landete einen Volltreffer mit ihren „Monikas Mischmasch“ genannten Röstis.

Die Kartoffeln schälen, das Gemüse putzen und alles grob reiben, Lauch, Kräuter und Oliven fein schneiden und mit den Eiern zu einem Teig verrühren. Würzen, löffelweise ins heiße Öl geben, zu flachen Küchlein formen und ausbacken. Dazu schmeckt grüner Salat.

Mein Mann isst gerne Kartoffelpuffer und hatte diese mal wieder bei mir bestellt. Ich holte mein Motorrad aus der Garage und fuhr los, um Kartoffeln zu kaufen. Obwohl der Himmel nicht voller Geigen, sondern voll dunkler Regenwolken hing. Nach nur 100 Metern fing es an zu hageln. Also drehte ich wieder um und fuhr zurück. In der Küche angekommen, holte ich alles aus dem Kühlschrank, was sich irgendwie reiben ließ: meine restlichen Kartoffeln und ein kunterbuntes Durcheinander an Gemüse. Mein Mann war davon so begeistert, dass es seither jeden Monat zweimal „Monikas Mischmasch-Röstis“ gibt.

Apfelstrudel

Teig

250 g Mehl
Salz
1 Ei
1-2 EL Olivenöl
Wasser

Füllung

2 kg säuerliche Äpfel, entkernt und klein geschnitten
Saft von ½ Zitrone
1 TL gemahlener Zimt
100 g Rosinen
100 g grob gehackte Nüsse

100 g Butter
80 g Semmelbrösel
2-3 EL Zucker
Puderzucker zum Bestäuben

Luise Walsch aus Bann bei Pirmasens weiß genau, wovon sie redet, schließlich gibt es ihn schon seit 43 Jahren, ihren Apfelstrudel aus „seidenweich" geknetetem, zart ausgezogenem Teig, „dünn wie Seidenpapier":

Als junge Frau wanderte ich aus nach Südamerika. Mit meinen Ersparnissen wollte ich mich in der Gastronomie selbstständig machen. Das Schicksal aber wollte es anders: Ich lernte meinen Mann kennen und es ging in meinem Beruf nur privat weiter! Kurz vor der Geburt unseres ersten Kindes stand ich bis spät abends in der Küche, um einen Apfelstrudel für den Sonntag zu backen. Um Mitternacht setzten die Wehen ein, und mein Mann rief den Gynäkologen. Der Arzt gab meinem Mann Beruhigungstabletten, und ich befahl ihm: „Stell' den Apfelstrudel in den Kühlschrank, bevor wir in die Klinik fahren, sonst haben die ‚Cucarachas' ein Mahl!". Der Arzt amüsierte sich köstlich – der Mann braucht Beruhigungstabletten, die Frau aber ist in den Wehen und hat Sorge um den Apfelstrudel! Unsere Tochter wurde ein Sonntagskind. Seit nunmehr 43 Jahren gibt es den Apfelstrudel an ihrem Geburtstag. Auch der Arzt bekam jedes Jahr seinen „Strudel", solange wir in Caracas lebten. Und es wurde eine wunderbare Freundschaft daraus.

Apfelstrudel

Die Zutaten für den Teig auf einem Arbeitsbrett miteinander vermengen und so viel Wasser zugießen, dass ein halbweicher Teig entsteht, der seidenweich geknetet wird, bis er sich von Brett und Händen löst. Zu einem Laib formen, auf ein mit Mehl bestäubtes Brett legen, mit Öl bestreichen und zugedeckt eine halbe Stunde ruhen lassen.
Ein großes Tuch auf dem Küchentisch ausbreiten, gut mit Mehl bestäuben und den Teig darauf setzen. Mit dem Wellholz ein wenig in die Breite und in die Länge walken. Dann den Teig erneut mit Öl bepinseln und mit bemehlten Händen mit viel Fingerspitzengefühl zart nach allen Seiten ringsum gleichmäßig ausziehen, sodass die Teigfläche rechteckig und dünn wie Seidenpapier wird. Dickere Ränder werden abgeschnitten.
Den ausgezogenen Teig mit den in der Butter goldbraun gerösteten Bröseln bestreuen, dabei an einer Längsseite eine Handbreit frei lassen, damit später der Boden des Strudels mehr Festigkeit hat. Über die Brösel die Apfelmischung verteilen und 2-3 EL Zucker darüber streuen.
Nun wird der Strudel mit Hilfe des angehobenen Tuches eingerollt. Wenn er zu groß wird, teilt man ihn in zwei Teile. Auf ein gefettetes Backblech legen, mit flüssiger Butter bepinseln und im auf 180 Grad vorgeheizten Ofen ungefähr 45 Minuten lang goldbraun backen. Abkühlen lassen und mit Puderzucker bestäuben.

Himmelstorte

Teig
(für 2 Böden)

180 g Butter
150 g Zucker
4 Eier
1 Päckchen Vanillezucker
200 g Mehl
2 TL Backpulver

Füllung

5 Eiweiß
200 g Zucker
150 g gehobelte Mandeln
1 Paket TK-Himbeeren
4 Becher süße Sahne
10 TL San-apart

Gisela Brand aus Grünstadt verbindet angenehme Erinnerungen mit ihrer Himmelstorte:

Aus den angegebenen Zutaten einen Rührteig herstellen und auf Backpapier zu zwei Böden von 28 cm Durchmesser verteilen. Eiweiß zu steifem Schnee schlagen, dabei den Zucker hineinrieseln lassen. Auf die beiden Böden streichen und je 50 g gehobelte Mandeln darüber streuen. Auf zwei Backbleche legen und bei 175 Grad in ca. 20 Minuten hellgelb backen.
Die aufgetauten und gut abgetropften Himbeeren (einige besonders schöne zurückbehalten) auf einen der abgekühlten Böden verteilen und mit einem Drittel der geschlagenen Sahne bestreichen. Den zweiten Boden darüber legen, mit einem weiteren Drittel der Sahne bestreichen, das letzte Drittel für den Rand verwenden. Mit den restlichen gehobelten Mandeln und Himbeeren dekorieren und kühl stellen.

SWR4 hatte zur „Super-Wunschmelodie" aufgerufen. Ich beteiligte mich wie jedes Jahr, und eines Morgens hörte ich im Radio: Wer gerne anlässlich der „Super-Wunschmelodie" von SWR4-Moderator Wolfgang Roeben besucht werden möchte, solle sich doch eine schöne Überraschung für den Gast ausdenken. Mit ein wenig Glück käme der Moderator dann vorbei. Gesagt, getan. Ich rief an und versprach, eine Himmelstorte zu machen. Das war am Freitag, und am Dienstag stand Wolfgang Roeben tatsächlich vor meiner Haustür. Er probierte die Torte und war begeistert. Für mich war es fast schon ein kleines Fest: das SWR4-Auto vor der Tür und der SWR4-Moderator am Kaffeetisch.

Festliche Zimttorte

Teig

350 g	Mehl
	evtl. eine Messerspitze Backpulver
75 g	Zucker
1	Prise Salz
175 g	Butter
1	Ei

Füllung

250 ml	süße Sahne
6	Eier
300 g	Zucker
1	Prise Salz
400 g	gemahlene Mandeln
80 g	geriebener Zwieback
50 g	fein gehacktes Zitronat
1	EL Zimt
1 TL	Backpulver

Belag und Verzierung

3 EL	Aprikosenkonfitüre
300 g	Marzipan-Rohmasse
200 g	Puderzucker
	rote Back- und Speisefarbe
100 g	Puderzucker
	etwas Wasser

Eva Noll aus Billigheim-Ingenheim bei Landau empfiehlt für jede Advents- oder Weihnachtskaffeetafel ihre Zimttorte:

Aus den angegebenen Zutaten einen Knetteig herstellen. Den Teig auf der bemehlten Arbeitsfläche oder zwischen Frischhaltefolie ausrollen und den Boden und Rand einer Springform (26 cm Durchmesser) damit auslegen; mit einer Gabel mehrmals einstechen und 15 Minuten im vorgeheizten Ofen bei 200 Grad vorbacken.
Für die Füllung Sahne steif schlagen, die Eier mit dem Zucker aufschlagen, die übrigen Zutaten dazugeben und zum Schluss die steif geschlagene Sahne unterheben, alles auf den vorgebackenen Boden gießen. Ist der Rand zu hoch, in Höhe der Füllung abschneiden. Den Kuchen bei 175 Grad weitere 70–80 Minuten fertigbacken. Abkühlen lassen.
Die Aprikosenkonfitüre erwärmen und die Torte damit bestreichen. Die Marzipan-Rohmasse mit dem Puderzucker verkneten. Die Hälfte ausrollen, die Torte damit bedecken und am Rand festdrücken. 12 Stücke markieren. Aus dem restlichen Marzipan für die 12 Weihnachtsmänner 6 walnussgroße und 6 haselnussgroße Kugeln formen, 12 kleine Sterne ausstechen und 12 Röllchen für die Ski formen. Das restliche Marzipan mit Back- und Speisefarbe rot färben, ausrollen, 6 Taler (4 cm Durchmesser) ausstechen, 6 kleine Dreiecke für die Mützen ausschneiden, 12 Schuhe formen. 100 g Puderzucker mit wenig Wasser verrühren, die Weihnachtsmänner mit dem Zuckerguss zusammensetzen und verzieren. Die Torte mit den Sternen und Weihnachtsmännern garnieren.

Festliche Zimttorte

Die Adventszeit bringt nicht nur eine Weihnachtsfeier mit sich, sondern meist gleich mehrere. Als erstes stand die Weihnachtsfeier unserer ökumenischen Frauengesprächsrunde auf dem Programm. Natürlich wollte ich etwas Besonderes mitbringen. Ich durchstöberte meine Backbücher und fand das Rezept „Festliche Zimttorte“. Ja, diese Torte sollte das Buffet unserer Weihnachtsfeier schmücken! Schon zwei Tage vor der Feier backte ich die Torte, denn mir war klar, dass ich für die Marzipan-Dekoration weitere ein bis zwei Stunden brauchen würde. Am Tag vor der Feier begann ich am späten Nachmittag mit der Herstellung der Marzipanfiguren. Nach drei Stunden war ich immer noch nicht fertig. Aber Zeit und Arbeit hatten sich gelohnt, die Torte war so schön, dass sich zunächst niemand traute, sie anzuschneiden. Der Pfarrer machte schließlich den Anfang. Und dann war innerhalb einer halben Stunde kein Krümel mehr von der Torte übrig.

Mohnkuchen

Mein Mann pflegte immer dann, wenn es Mohnkuchen gab, eine Geschichte zu erzählen, die sich während seiner Kindheit an einem Weihnachtstag zugetragen hatte: Nach der Kaffeetafel sollte er – damals noch ein kleiner Junge – aus dem Keller einen Verdauungsschnaps für die Gäste holen. Schnell war die Flasche geholt und eingeschenkt. Ein Onkel, voller Vorfreude auf den kühlen Klaren, kippte diesen in einem Zug, schnappte nach Luft und brachte nur noch mühsam hervor: „Zum Donnerwetter, was war denn das?". Die erschrockene Kaffeegesellschaft nahm die Flasche genauer in Augenschein. Auf dem Aufkleber stand: Terpentin. Ein Apotheker, ebenfalls Gast der Kaffeegesellschaft, stellte zur allgemeinen Beruhigung fest, dass Terpentin, in dieser kleinen Menge genossen, nicht schädlich sei. Zur Sicherheit spülte der Onkel mit echtem Korn kräftig nach.

Tipp
Der Kuchen sollte 2 bis 3 Tage vor dem Verzehr gebacken werden, damit sein Aroma voll zur Geltung kommt. Gekühlt kann man ihn eine Woche aufheben, auch lässt er sich gut einfrieren.

Gudrun Klein aus Höhn im Westerwald hält ein Rezept ihrer ostpreußischen Schwiegermutter in Ehren:

Hefeteig

200 ml	Milch
1	Päckchen Trockenhefe
500 g	Mehl
100 g	Zucker
1 TL	Salz
1	Ei
65 g	Butterschmalz

Mohnfüllung

250 g	Mohn
½ l	Vollmilch
125 g	Rosinen
100 g	gehobelte Mandeln
75 g	Zucker
1	Ei
50 ml	Rosenwasser oder
50 ml	Rum
1	Eiweiß

Die Milch erwärmen und die Hefe darin auflösen. 4 EL Mehl zufügen und gut verrühren. 1 Prise Zucker zufügen, die Schüssel mit einem Tuch zudecken und den Vorteig eine halbe Stunde gehen lassen. Das gesiebte Mehl mit Zucker und Salz mischen, eine Mulde hineindrücken, das Ei hineinschlagen, die Butter in Flöckchen obenauf geben, den Vorteig hinzugießen und alles miteinander zu einem glatten Teig verarbeiten. Mit einem Tuch zudecken und zwei bis drei Stunden gehen lassen.
Für die Füllung zunächst den Mohn in der Milch so lange köcheln, bis die Mohnmasse die Milch vollständig aufgenommen hat. Nach dem Abkühlen die übrigen Zutaten – außer dem Eiweiß – hinzugeben.
Den Hefeteig ausrollen und zuerst mit dem Eiweiß, dann mit der Mohnmasse bestreichen. Zusammenrollen und in eine gebutterte Kastenform setzen. Den Teig an mehreren Stellen mit einer Stricknadel einstechen und nochmals gehen lassen. Bei 170 Grad mit Ober- und Unterhitze ca. 35 bis 40 Minuten backen.

Mürbchen im Mandelmantel

Mit dem Braten der Gänse hat Ortrud Schneider aus Montabaur ihre liebe Not, wie folgende Geschichte verrät:

Meine Schwester schickte am Morgen des 24.12. ein Telegramm: KOMME - STOP - MIT AUSLÄNDER - STOP - BITTE DEUTSCHES WEIHNACHTSESSEN - CHRISTEL. Meine Mutter streikte, sie ließe sich nicht überrumpeln, und Vater, der gut kochen konnte, streikte ebenso. Ich konnte nicht kochen, aber ich wollte meiner Schwester eine Freude machen. Also holte ich Omas Davidis-Kochbuch hervor, und so nahm das Schicksal seinen Lauf. Meine Gans war im Ofen, die Klöße im Kochtopf. Dort schwammen sie bald in Kartoffelsuppe, aber das konnte ja typisch deutsch sein, tröstete ich mich. „Zum Rotkohl ein kleines Händchen Nelkenkörner", stand im Kochbuch geschrieben. Als ich mir so meine „Händchen" betrachtete, nahm ich lieber eine halbe Hand. Eine Prise Salz, Prise mit P, das war sicher ein Druckfehler, also nahm ich eine Brise mit B, so kräftig wie das Meer, und salzte mit kühnem Schwung. Meine Schwester war inzwischen mit dem Besuch eingetroffen. Der Tisch war festlich gedeckt, auf einem Silbertablett hatte ich mit Orangenscheiben die appetitlich braune Gans angerichtet. Die „Klößchen" füllten nur noch die halbe Schüssel. Das Tranchiermesser wurde angesetzt, und da wurde es offenbar: das Biest war noch halb roh, obwohl es doch so goldbraun aussah! Ich fing an zu heulen, aber die Gäste hatten ja noch nicht meinen Rotkohl probiert. Sie rangen nach Luft und griffen hastig zu den Gläsern. Unsere ausländischen Gäste haben das „deutsche Weihnachtsmenü" wohl nie vergessen. Ich auch nicht!

Aber dafür kann sie backen, nämlich herrlich schmeckende Mürbchen im Mandelmantel:

50 g	Marzipan-Rohmasse
200 g	weiche Butter
80 g	Puderzucker
1	Tütchen Vanillezucker
250 g	Mehl
2	Eigelb
2 EL	Zucker
50 g	gehackte Mandeln

Die Marzipan-Rohmasse Raumtemperatur annehmen lassen und mit der weichen Butter cremig schlagen, Puderzucker darüber sieben, anschließend den Vanillezucker zugeben und zuletzt das Mehl darunter kneten. Aus der Masse Teigrollen von ca. 2,5 cm Durchmesser formen, in Klarsichtfolie einschlagen und über Nacht in den Kühlschrank stellen. Am nächsten Tag den Backofen auf 170 Grad heizen. Die Rollen auswickeln, gut mit dem Eigelb einpinseln, auf der Folie Zucker und Mandeln ausbreiten und die Rollen darin hin und her wälzen. In dünne Scheiben schneiden und bei 170 Grad zehn bis 15 Minuten backen.

Deichkuchen

250 g Mehl
1 Tütchen Backpulver
7 Tütchen Vanillezucker
250 g Butter
10 Eier
Zucker nach Bedarf
1½ kg Quark
etwas Milch
2 Dosen Ananas
1 Glas entsteinte Kirschen

Illa Manzius aus Bad Neuenahr hat ein besonderes Gebäck erfunden:

Den Deichkuchen habe ich im Jahr 2002, als ich mit meiner Familie im Sommer an der Nordsee in Sankt Peter Ording Urlaub machte, erfunden. Ich erfreute mich an der See, dem weißen Strand, den grünen Deichen und den vielen Schafen. Die besondere Anordnung der Deiche aber und die aus Holzgitter gebauten Abgrenzungen inspirierten mich, einen Deichkuchen zu backen.

Aus 150 g Mehl, ½ Tütchen Backpulver, 2 Tütchen Vanillezucker, der Hälfte der (flüssigen) Butter, 3 Eigelb und 2 gestrichenen EL Zucker einen Teig kneten. Eiweiß beiseite stellen.
Den in einem Sieb abgetropften Quark mit 7 Eigelb, 3 Tütchen Vanillezucker, 6–8 EL Zucker, 3 EL Mehl, dem restlichen Backpulver und einem Schuss Milch gut verrühren, die 7 Eiweiß zu den übrigen geben.
Die Früchte gut abtropfen lassen. Restliches Mehl, Vanillezucker und 4 EL Zucker mischen, die restliche Butter flüssig werden lassen, über die Mischung gießen und verrühren, sodass Streusel entstehen.
Alle 10 Eiweiß zu festem Schnee schlagen und unter die Quarkmasse ziehen.
Ein Backblech mit Backpapier auslegen, den Rand um ca. 3 cm erhöhen. Da hinein die Quarkmasse streichen. Darauf abwechselnd Streifen von Kirschen und Ananas legen, die Ananasstreifen dick mit den Streuseln belegen. Bei 160 Grad ungefähr 45 Minuten backen.

Esskastanienschaum auf Eierkuchen

- 250 g Esskastanien
- ⅛ l Pfälzer Weinbrand
- Mark und Schale einer Vanilleschote
- 1 EL Zucker
- ⅛ l Sahne
- 120 g Mehl
- 1 Prise Salz
- 1 EL Zucker
- 2 Eier
- ¼ l Milch
- 4 EL Rieslingsekt
- 30 g Butterschmalz
- Puderzucker
- 3 EL hochprozentiger Weinbrand

Tipp
Die angegebenen Mengen dürften auch für 6 Personen reichen, und wer sich keinen Pfälzer Weinbrand verschaffen kann, sei getröstet: es geht auch mit jedem anderen, wenn er nur gut ist.

Eva Noll aus Billigheim-Ingenheim (bei Landau) hat eine gehaltvolle (und gar nicht so sehr zuckrige) Süßspeise zu bieten.

Die Schale der Maronen an der gewölbten Seite mit einem scharfen Messer kreuzweise einschneiden. Auf ein Backblech legen und im heißen Ofen backen, bis sich die Schalen öffnen. Die Schalen entfernen und auch die innere Haut lösen (oder 150 g geschälte Kastanien verwenden). Weinbrand, Vanillemark und -schote in einem Topf erwärmen, die geschälten Kastanien und den Zucker zufügen und ca. 15 Minuten weichkochen, Vanilleschote herausnehmen. Die Masse mit dem Schnetzelstab pürieren und kalt stellen. Sahne steif schlagen, unter die Kastanienmasse ziehen und wieder kalt stellen.
Aus Mehl, Salz, Zucker, Eiern, Milch und dem Sekt einen Pfannkuchenteig herstellen und 20 Minuten ruhen lassen. In einer beschichteten Pfanne das Butterschmalz erhitzen und aus dem Teig dünne Pfannkuchen backen. Mit Kastanienschaum füllen und umklappen. Anschließend mit Puderzucker bestreuen und mit Weinbrand flambieren.

Dieses Rezept habe ich im Winterprogramm des Landfrauenverbandes der Pfalz vorgekocht. Obwohl ich Meisterin der Hauswirtschaft, Kochbuchsammlerin und begeisterte Köchin bin, passierte mir bei der Vorführung dieses Rezeptes ein kleines Malheur: Ich versengte mir beim Flambieren fast die Haare! Natürlich hatte ich alles vorher zu Hause erprobt, aber an diesem letzten von 16 Abenden des Winterprogramms wollte einfach alles nicht mehr perfekt klappen.

Pfefferminzgelee

300 g Minzeblätter
1 l Wasser
¼ l Apfelsaft
1 Päckchen Gelierzucker

Rosita Sell aus Döttesfeld (bei Altenkirchen im Westerwald) liebt Minze und holt sie aus dem eigenen Garten. Um Pfefferminzgelee machen zu können, braucht man erst einmal Pfefferminzsud. Der wird gekocht wie ein sehr kräftiger Tee.

Die Minzeblätter mit kochendem Wasser überbrühen und 12-16 Stunden zugedeckt ziehen lassen.
½ l von diesem Sud und ¼ l Apfelsaft mit Gelierzucker 1:2 (damit es nicht zu süß wird) nach der auf der Packung angebrachten Anweisung kochen. Heiß in Gläser füllen und kalt stellen.
Man kann das Gelee zu Süßspeisen reichen, wie Vanilleeis zum Beispiel, aber auch einer Salatsauce damit eine neue, interessante Note geben (siehe Seite 25).

Ich bin sehr naturverbunden und experimentiere gerne mit Wildkräutern, Wildbeeren, Gartenkräutern und Gewürzen. Vor etwa fünf Jahren lernte ich den Redakteur einer Tageszeitung kennen, der mir anbot, ab und zu für die Zeitung Rezepte schreiben zu können. Was ich dann fast ein Jahr lang tat. Auch das Pfefferminzgelee-Rezept wurde veröffentlicht. Es muss einen enormen Anklang gefunden haben, denn wann immer ich bei Veranstaltungen im Rahmen des Natur- und Umweltschutzes dabei war und ein Namensschildchen am Revers trug, wurde ich angesprochen, ob ich wirklich die Rosita Sell aus Döttesfeld sei. Und dann erzählten mir die Leute, wie viele Gläser mit Minzgelee bei ihnen im Keller stünden.

Philomenacreme

375 ml Milch
1 EL Speisestärke
3 Eigelb
250 g Zartbitter-Schokolade
150 g Butter
200 g Löffelbiskuits
1 Tütchen Vanillezucker
Schokoladenglasur

Philomena Kremer aus Oestrich-Winkel ist die Bescheidenheit selbst. Hätte ihr „Festlicher Nachtisch für Weihnachten“ nicht einen richtig schön klingenden Namen verdient? Zum Beispiel Philomenacreme!

Von der Milch ¼ l abnehmen, in einem Topf mit Stärke und Eigelb verrühren, erhitzen (am besten im Wasserbad) und schlagen, bis sie dick zu werden beginnt. Die zerkleinerte Schokolade im heißen Wasserbad schmelzen lassen. Die Butter geschmeidig rühren, geschmolzene Schokolade und die Eiermasse unterrühren. Nun den Rand einer Springform auf eine Tortenplatte setzen und den Rand mit Pergamentpapier auslegen. Die Löffelbiskuits in der mit dem Vanillezucker gut verrührten restlichen Milch kurz wenden, mit der Hälfte davon den Boden der Tortenplatte auslegen und mit der Hälfte der Schokocreme bedecken. Die restlichen Biskuits darauf legen und die übrige Creme darauf verstreichen.

Die Form muss jetzt gut kühl gestellt werden. Zuletzt mit Schokoladenglasur unregelmäßig besprengen. Wenn die Creme erkaltet ist, löst man den Rand der Springform.

Serviert mit einem Glas Eiswein oder Beerenauslese, schmeckt dieser festliche Nachtisch im späten Herbst besonders gut. Er ist die Lieblingsspeise meiner Kinder, und wann immer sie uns besuchen, steht das Dessert auf dem Speisezettel.

Kartoffel-Eis

250 g vorwiegend festkochende Kartoffeln
250 g Quark
250 g Vollmilch-Joghurt
Saft und abgeriebene Schale einer unbehandelten Zitrone
2 gehäufte EL Zucker
200 g süße Sahne

Hier kommt Margot Ehmanns (siehe auch Seite 67) Kartoffel-Dessert, auf das man wahrlich gespannt sein kann.

Kartoffeln in der Schale nicht zu weich kochen, pellen und noch heiß durchpressen. Quark, Joghurt, Zitrone und Zucker in der Küchenmaschine gut durchrühren und den Kartoffelschnee esslöffelweise dazugeben. Zuletzt die steif geschlagene Sahne unterheben und die Masse für 3-4 Stunden in den Gefrierschrank stellen. Einmal pro Stunde gut durchrühren.

Tipp
Als „Halbgefrorenes" muss das Kartoffeleis cremig-fest serviert werden, nicht völlig durchgefroren, weil sich dann Eiskristalle bilden, die den Genuss sehr beeinträchtigen.

Kirsch-Tiramisu

1 Glas Sauerkirschen
150 g Biskuit
80 ml Amaretto
3 EL Espresso oder starker Kaffee
100 g Magerquark
200 g Mascarpone
5 EL Milch
2 EL Zucker
1 Tütchen Vanillezucker
150 g Sahne
Kakaopulver zum Bestäuben

Herta Mertesdorf aus Wasserliesch (bei Trier) weiß einer sattsam bekannten Nachspeise eine neue Seite abzugewinnen.

Die Kirschen gut abtropfen lassen. Biskuit in Würfel teilen. Amaretto mit Espresso mischen und die Biskuitwürfel damit beträufeln. Die übrigen Zutaten zu einer Creme glattrühren und die geschlagene Sahne unterheben. Abwechselnd Kirschen, Creme und Biskuit in hohe Gläser schichten, mit einer Cremeschicht abschließen und mit Kakaopulver überstäuben.

Die Erstkommunion unserer ältesten Tochter stand bevor. Zum Gottesdienst nahmen wir auch unsere jüngere Tochter Judith mit. Die Messe verstand sie, aber mit der Reinigung der Gefäße während der Messfeier konnte sie nichts anfangen. Als ich einen Tag vor der Kommunionfeier den Nachtisch für das Festessen vorbereitete, schaute mir Judith interessiert zu. Als ich die Nachspeise in kelchartige Glasschalen füllte, wollte sie wissen: „Essen wir aus diesen Kelchen?“ Meine Antwort war: „Ja“. Schweigen. Nach einigen Minuten rief Judith: „Ich gehe nicht zur Kommunionfeier in die Kirche!“. „Warum?“, wollte ich wissen und bekam prompt die Antwort: „Der Pastor ist sicher reich, sonst hätte er keine Kelche aus Gold. Wenn er genug Geld hat, um Kelche aus Gold zu kaufen, dann könnte er sich eine Spülmaschine kaufen und wir müssen nicht warten, bis er die Kelche gespült und abgetrocknet hat. Ich gehe erst wieder in die Messe, wenn diese Spülerei aufhört!“ Natürlich ging Judith mit zur Kommunionfeier ihrer Schwester. Das Kirsch-Tiramisu gibt es bei uns noch heute an vielen Feiertagen, und jedes Mal lachen wir über diese Geschichte.

Quarksoufflé auf geliertem Mispelkompott

Von Helmut Thieltges, Waldhotel Sonnora in Dreis (bei Wittlich/Eifel):

Soufflé

120 g	Quark
2	Eigelb
55 g	Zucker
	abgeriebene Zitronenschale
2	Eiweiß
1	Prise Salz
	Butter und Salz zum Einfetten und Ausstreuen der Förmchen

Kompott

8	reife Mispeln
2 EL	Zitronensaft
½ l	Orangensaft
¼ l	Läuterzucker (aus ⅛ l Wasser und 125 g Zucker gekocht)
100 ml	Weißwein
1	Stängel Zitronengras (aus dem Asia-Laden)
1	Vanilleschote
1	Prise Salz
1	Blatt weiße Gelatine

Den Quark mit den Eigelb, der Hälfte des Zuckers und der Zitronenschale verrühren. Die Eiweiß mit der anderen Hälfte des Zuckers und der Prise Salz steif schlagen und den Eischnee unter die Quarkmasse heben. Vier ofenfeste, gebutterte und mit Zucker ausgestreute Förmchen zu zwei Dritteln mit der Soufflémasse füllen, im Wasserbad im Backofen bei 190 Grad ca. 20 Minuten backen.

Für das Kompott am Vortag die Mispeln halbieren, schälen, Kerne und innere Haut entfernen, und die Früchte in dünne Spalten schneiden. Sofort in Zitronenwasser legen, damit das Fruchtfleisch nicht braun wird. Orangensaft, Läuterzucker, Weißwein, das kleingeschnittene Zitronengras und die Vanilleschote mit einer Prise Salz aufkochen, durch ein Sieb geben und in diesem Sud die Mispeln kurz dünsten, aber so, dass sie noch etwas Biss behalten. Über einem Sieb abgießen, den Sud auffangen und mit der eingeweichten, gut ausgedrückten und im Sud unter Rühren aufgelösten Gelatine binden. Darin die Mispeln über Nacht im Kühlschrank gelieren lassen. Zusammen mit dem warmen Soufflé servieren.

Tipp

Mispeln stammen aus dem Mittelmeerraum, sind saftig und von süßlich-herbem Aroma. Sie schmecken, meint Helmut Thieltges, „wie Aprikosen mit Zitronenparfüm". Sie sehen aus wie etwas länglich geratene Aprikosen, haben jedoch eine glatte Haut, die sich bei reifen Früchten leicht abziehen lässt. Auch das Entfernen der Kerne bereitet keine Schwierigkeiten. Die Mispel ist reich an Ballaststoffen, an Kalium, Calcium sowie Vitamin A.

Grafschafter Himbeer-Birnen

Ergibt 12 Portionen

12 mittelgroße, schöne Birnen mit Stiel
¼ l Rotwein
½ l Wasser
200 g Zucker
Saft einer Zitrone
1 Paket Himbeeren, tiefgefroren
¼ l Sahne
gehackte Pistazien

Vanillecreme
¼ l Milch
20 g Mondamin
1 Vanillestange
1 Prise Salz
3 Eigelb
50 g Zucker

Tipp
Dazu schmeckt ein edelsüßer Wein, am besten natürlich einer von der Ahr. Vielleicht findet sich ja eine Weißherbst-Auslese oder gar Beerenauslese.

Heinz Adams aus Bad Neuenahr-Ahrweiler kann sich gut daran erinnern, wie die Idee zum folgenden Rezept entstand.

Vor vielen Jahren hatte meine Frau für eine Geburtstagsfeier eine Himbeer-Sahne-Torte gebacken. Unser fünfjähriger Sohn war ein putzmunterer Knabe. Da er nicht so viel Süßes essen sollte, hatte er eine reife Birne bekommen. Wahrscheinlich hätte er lieber ein Stück Kuchen gehabt, denn im ersten unbemerkten Augenblick warf er die Birne mitten in die Torte. Und so war die Idee einer „Himbeer-Birne" als Dessert geboren.

Die Birnen schälen, aber der Stiel muss als Dekor unbedingt dranbleiben! Die Birnen in einem passenden Gefäß in Rotwein, Wasser, Zucker und Zitronensaft im Backofen weich dünsten, sie dürfen aber nicht zerfallen. Im Sud abkühlen lassen.
Die Milch mit dem kalt angerührten Mondamin, der längs aufgeschlitzten Vanillestange und der Prise Salz unter ständigem Rühren aufkochen, Vanillemark herauskratzen, die Stange entfernen und die Milch abkühlen lassen. Eigelb und Zucker schaumig schlagen, die Vanillemilch zugießen, erhitzen, dabei rühren, aber nicht kochen. Unter die noch heiße Creme die gefrorenen Himbeeren rühren. Wenn die Creme genug abgekühlt ist, die geschlagene Sahne unterheben. Die gut abgetropften Birnen auf Dessertteller setzen und mit der Himbeer-Vanillecreme überziehen. Mit Sahnetupfen und gehackten Pistazien verzieren.

Gefüllte Blätterteigmonde

In dem bayerischen Dorf, wo ich aufgewachsen bin, hatten wir einen wunderbaren Kräuter- und Gemüsegarten, haben das Obst eingemacht oder zu Gelee und Marmelade verarbeitet. Meine Mutter, die hervorragend kochte, lernte mich früh an, sodass ich mit zwölf Jahren nach der Schule das Mittagessen zubereiten konnte. Da mein Vater meinte: „Wozu braucht das Mädel eine Ausbildung, die heiratet eh'!", durfte ich nicht Floristin werden, sondern besuchte die Hauswirtschaftsschule und begann nach meinem Abschluss im Haushalt Fritz von Opels in St. Moritz zu arbeiten. Dort lernte ich meinen zukünftigen Mann kennen. Da er Koch war und aus St. Goar stammte, gingen wir zusammen dorthin zurück und machten uns mit unserem heutigen Hotel-Restaurant selbstständig. Während sich mein Mann immer mehr dem Management zuwandte, konnte ich in der Küche meiner Kreativität freien Lauf lassen.

Lidwina Nickenig, Wirtin und Küchenchefin des Hotel-Restaurants Landsknecht in St. Goar am Rhein, schuf das folgende Dessert zum kulinarischen Themenabend „Im Garten der Düfte". Und über welch große Küchenerfahrung sie verfügt, zeigt ihre Geschichte.

Für 8 Personen

1 Paket TK-Blätterteig
1 Bund Basilikum
500 g Ziegenfrischkäse
100 ml Sahne
Salz, Pfeffer
1 Msp. fein zerdrückter, frischer Knoblauch
100 ml Cassislikör
500 ml Schwarzer Johannisbeersaft
Saft einer halben Zitrone
Saft einer Orange
1 Eigelb
100 ml geschlagene Sahne
6 frische Feigen
frische Minze
Puderzucker

Den Blätterteig auf eine Arbeitsplatte legen und auftauen lassen. In der Zwischenzeit die gewaschenen und gezupften Basilikumblätter in feine Streifen schneiden und mit dem Ziegenkäse, der Sahne und den Gewürzen vermischen. Likör mit den Säften aufkochen und fast sirupartig einkochen lassen. Kreise von 10 cm Durchmesser aus dem Blätterteig ausstechen und auf jedes Stück 1 bis 2 Esslöffel Ziegenkäse geben. Den Rand mit in Sahne verquirltem Eigelb bestreichen, die Kreise zu Halbmonden umklappen, den Rand zusammendrücken und die Halbmonde mit der Eigelb-Sahne überglänzen. Sodann im vorgeheizten Backofen bei 200 Grad ca. 20 Minuten backen (Backpapier als Unterlage verwenden). Die Feigen in dünne Scheiben schneiden. Zum Anrichten erst den warmen Saucenspiegel auf warme Teller gießen, dann 2 warme Halbmonde und zuletzt die Feigen anlegen. Mit Minze dekorieren und mit Puderzucker bestäuben.

Sektcreme mit Brombeeren

4	Blatt weiße Gelatine
3	Eigelb
60 g	Puderzucker
150 ml	trockener Rieslingsekt
200 g	Sahne
300 g	Brombeeren
	einige Blättchen Zitronenmelisse

Elfi Bautz, Winzerfrau aus Enkirch an der Mosel, hat ein Dessert mit Winzersekt zu bieten.

Die Gelatine in reichlich Wasser einweichen. Eigelb und Puderzucker mit 2 EL heißem Wasser in eine Wasserbadschüssel geben und zur dicklichen Creme aufschlagen. Den Sekt in einem Töpfchen erhitzen, aber nicht kochen. Nach und nach unter die Eigelbcreme rühren. Aufschlagen, bis sie warm und dicklich ist. Gelatine ausdrücken und in der Creme unter Rühren auflösen. Erkalten lassen, dabei häufiger durchrühren. Sobald die Creme zu gelieren beginnt, die steif geschlagene Sahne unterziehen. Etwa 20 Minuten gelieren lassen. Einige Brombeeren in vier hohe Gläser geben. Die Sektcreme mit dem Spritzbeutel (große Sterntülle) in die Gläser füllen und für 1 Stunde kalt stellen. Vor dem Servieren die übrigen Brombeeren pürieren, durch ein Sieb streichen und an einer Seite über die Creme träufeln. Mit den Melisse-Blättchen garnieren.

Die Sektcreme mit Brombeeren habe ich vor einigen Jahren selbst erfunden. Wir haben einen Winzerhof, und während der Herbstfeste auf unserem Hof serviere ich den Gästen die Sektcreme als Dessert.

Tipp
Den Sekt für die Creme auch dazu servieren. Auch Erdbeeren, Himbeeren oder Heidelbeeren eignen sich gut.

Menü à la Gallé

Als wieder einmal die Hirten ihre Schafe durch das Dorf trieben, in dem ich meine Kindheit verbrachte, rief mir einer von ihnen zu: „He, möchtest du ein Lämmchen haben?“ Und schon hatte ich ein kleines Wollknäuel im Arm. Meine Mutter stellte bald fest, dass das linke Bein zu kurz geraten war. Also nannten wir es Hinkebeinchen. Am Tag vor Heiligabend war Hinkebeinchen plötzlich nicht mehr auffindbar. Große Unruhe brach unter uns Kindern aus, wir suchten und suchten, aber Hinkebeinchen blieb verschwunden. Meine Mutter tröstete uns und erzählte, dass Hinkebeinchen bestimmt nach Bethlehem gelaufen sei. Am ersten Weihnachtsfeiertag kamen die Großeltern und es gab Braten, Sauce, Nudeln und Klöße. Alles schmeckte hervorragend. Nach vielen Jahren, als wir wieder mit den Eltern das Weihnachtsfest feierten, kam die Rede auf Hinkebeinchen, und Kindheitserinnerungen wurden wach. Mutter erzählte von dem leckeren Essen, das uns allen so gut geschmeckt hatte. Mir kam ein schrecklicher Gedanke. Ich sah meine Mutter an, und ihr Blick sprach Bände: Der leckere Braten von damals war unser geliebtes Hinkebeinchen gewesen! Ich brauchte lange Zeit, bis ich darüber hinweg kam und dachte, ich würde nie wieder Lamm essen können. Doch seit kurzer Zeit steht es wieder auf meinem Speiseplan.

Antonie-Marie Gallé aus Wörrstadt in Rheinhessen baut Lamm als Hauptgericht ein, in ihr Menü à la Gallé.

Menü à la Gallé

Lachs und Shrimps in Schiffchen

1 Becher Magerjoghurt
½ Becher steif geschlagene Sahne
1 EL Tomatenmark
Salz, Pfeffer
Zitronensaft
4 Scheiben Räucherlachs
4 Blätterteigschiffchen (fertig gekauft)
8 marinierte Crevetten
Dillspitzen

Joghurt, Sahne, Tomatenmark, Salz, Pfeffer und Zitronensaft zu einer Marinade verrühren. Lachs in die Schiffchen legen und mit der Marinade beträufeln. Crevetten obendrauf legen und mit Dillspitzen verzieren.

Feldsalat mit Dörrfleisch in Rotwein-Vinaigrette

150 g Feldsalat
Salz und Pfeffer
2 EL Sonnenblumenkerne
50 g Dörrfleisch
2 EL Olivenöl
4 EL Rotweinessig
1 gehackte Knoblauchzehe

Geputzten, gewaschenen und trocken geschleuderten Feldsalat auf Teller verteilen, salzen, pfeffern und mit den Sonnenblumenkernen bestreuen. Das Dörrfleisch in feine Streifen schneiden, im Olivenöl braten und über den Salat verteilen. Essig und Knoblauch zum Öl in der Pfanne geben, kurz verrühren, über den Salat löffeln und servieren.

Spinatcremesuppe

400 g frischer Spinat
1 TL Butter
1 Knoblauchzehe
¾ l Gemüsebrühe
½ EL Mehl
½ Becher Crème fraîche
Muskatnuss, Salz, Pfeffer
½ Bund Schnittlauch
ca. 20 in Butter geröstete Weißbrotwürfel (Croutons)
2 EL steif geschlagene Sahne

Gewaschenen Spinat tropfnass in einen Topf geben, zusammenfallen lassen, in ein Sieb gießen, ausdrücken und pürieren. Butter im Topf zergehen lassen, durch die Presse gedrückte Knoblauchzehe darin anschwitzen, Brühe angießen und mit dem Mehl leicht abbinden. Crème fraîche und den Spinat dazu und würzen. Vor dem Servieren den gehackten Schnittlauch und die Croutons auf die Suppe geben. Sahnehäubchen nicht vergessen!

Menü à la Gallé

Lammkeule

- 1½ kg Lammkeule, vom Metzger entbeinen und enthäuten lassen
- ¾ l trockener, guter Rotwein
- 3-4 Zweige Rosmarin
- 3 Stängel Liebstöckel
- 2-3 Knoblauchzehen
- 2 Zwiebeln
- 1 TL scharfer Senf
- Salz und Pfeffer

Lammkeule am Vortag in den angegebenen Sud einlegen, ab und zu wenden. Lammkeule aus dem Sud nehmen, mit einer Küchenkordel zu einem Rollbraten binden, Gussbräter mit Öl erhitzen, die Lammkeule scharf anbraten, die gehackten Zwiebeln kurz mitrösten, aber nicht dunkel werden lassen, mit dem Sud ablöschen und noch etwas Rotwein dazugeben. 10 Minuten auf der Herdplatte gut köcheln lassen. Backofen auf 200 Grad einstellen und den Gussbräter mit Deckel für ca. 20 Minuten in den Backofen schieben, der Deckel bleibt geschlossen. Eventuell nachwürzen. Sauce durch ein Haarsieb rühren.

Backkartoffeln

- 8 mittelgroße Kartoffeln
- Olivenöl
- Salz, Pfeffer
- 2 ungeschälte Knoblauchzehen

Kartoffeln schälen und halbieren, mit Öl und Gewürzen an der Schnittfläche einreiben (Schnittfläche mit einem Messer einschneiden). Auf ein Backblech ca. 1 cm Öl verteilen, Kartoffeln darauf setzen, Knoblauchzehen dazu geben, ca. 20 Minuten bei mittlerer Hitze hellbraun backen.

Prinzessböhnchen

- 40 Prinzessböhnchen
- Bohnenkraut
- Schnittlauch
- 20 g Dörrfleisch
- 1 Prise Zucker, Salz
- Bechamelsauce

Böhnchen ca. 6 Minuten in Salzwasser blanchieren, herausnehmen und mit Schnittlauchfäden portionsweise zusammenbinden. Aus dem Sud eine angedickte Bechamelsauce herstellen, Bohnenkraut zufügen, mit wenig Salz, Pfeffer und der Prise Zucker abschmecken und die kross angebratenen Dörrfleischwürfel vor dem Servieren über die Böhnchen geben.

Eis-Wan-Tans mit Schokoladensauce

- 8 Wan-Tan-Blätter (10 x 10 cm, beim Chinesen kaufen)
- 8 Kugeln Pistazien-Eis
- Schlagsahne
- Früchte, Likör
- Schokoladenblättchen

Die gefrorenen Wan-Tan-Blätter vorsichtig trennen und einzeln hellbraun in neutralem Öl frittieren. Auf einen mit Puderzucker bestäubten Teller 1 Wan-Tan-Blatt legen, 2 Eiskugeln mit geschlagener Sahne und Früchte sowie den Likör darauf geben. Zweites Wan-Tan-Blatt darüber, andrücken und mit Sahne, Früchten, Likör, Puderzucker und Schokoladenblättchen verzieren.

Crêperöllchen mit Lachsfüllung im Salatbett

Teig

40 g Butter
2 EL Sahne
2 Eier
Salz
50 g Mehl
Butterschmalz

Füllung

3 EL Crème fraîche
1 TL geriebener Meerrettich
grob gemahlener schwarzer Pfeffer
1 Bund Dill
150 g Räucherlachs

Salatbett

100 g Feldsalat
250 g Kirschtomaten
2 EL Weinessig
1 Prise Zucker
3 EL Olivenöl

Gertrud Kriesamer aus Konz bei Trier hat ein veritables Geburtstagsmenü zu bieten:

An meinem Geburtstagsfest versuche ich immer, ein Essen zu zaubern, das mir genügend Zeit und Muße lässt, in gemütlicher Runde bei meinen Gästen zu verweilen. Bei meiner letzten Geburtstagsfeier gab mitten in den letzten Vorbereitungen der Heißluftpropeller meines Backofens den Geist auf. Damit war es nicht mehr möglich, alle Speisen gleichzeitig fertig zu haben. Aber ich erinnerte mich an die Essgewohnheiten im benachbarten Frankreich. So wurde mein Festmahl zu einem abendfüllenden Programm, weil ich die Speisen des Hauptgerichts nicht miteinander, sondern nach den beiden Vorspeisen erst das Fischgericht und dann die Schweinsjungfer mit den Beilagen servierte. Für die frische Zubereitung der Nachspeise blieb dann reichlich Zeit.

Die Butter schmelzen und mit den übrigen Zutaten zu einem glatten Teig verrühren, 15 Minuten ruhen lassen. Für die Füllung Crème fraîche mit Meerrettich und Pfeffer verrühren. Dill waschen, gut trocknen, einige Zweige beiseite legen, den Rest klein schneiden.
In einer Pfanne das Butterschmalz erhitzen und darin nacheinander 4 hauchdünne Crêpes backen, auskühlen lassen. Die Meerrettichcreme dünn darauf verstreichen, mit den Lachsscheiben bedecken, mit Dill bestreuen, aufrollen und kühl stellen.
Salat putzen, waschen, trocknen und mit den Tomaten auf Tellern verteilen, eine Salatsauce zubereiten und darüber träufeln. Die Crêperollen in schräge Streifen schneiden und auf dem Salat anrichten. Mit den Dillzweigen garnieren.

Geburtstagsmenü

Winzersuppe mit Käse-Eier-Klößchen

- 1 l Geflügelbrühe
- 500 g mageres Rindfleisch
- 4 EL Sojasauce
- 80 ml trockener Sherry
- ½ l trockener Weißwein
- 1 Ei
- je 1 gehäufter EL Mehl und geriebener Emmentaler
- Salz, Pfeffer

Die Brühe in einem Topf zum Kochen bringen, das Fleisch hineingeben und bei geringer Hitze garen. Herausnehmen und für ein anderes Gericht verwenden. Sojasauce, Sherry und Wein in die Brühe gießen. Das Ei mit Mehl und Käse verrühren, den Käseteig salzen und pfeffern. Die Suppe erhitzen, mit einem Kaffeelöffel Klößchen abstechen und in der Brühe ungefähr 10 Minuten ziehen lassen. Die Suppe mit den Klößchen auftragen.

Lachs mit grüner Pfeffersauce

- 2-3 Schalotten
- 1 EL Butter
- 1 EL Weinbrand
- 4 EL trockener Weißwein
- 6 EL Fischfond
- 2-3 EL eingelegte grüne Pfefferkörner
- 120 ml Schlagsahne
- 2 EL Pflanzenöl
- 4 Lachsfilets à 150 g
- Salz, schwarzer Pfeffer
- Petersilie

Schalotten schälen, fein hacken und in der heißen Butter gar dünsten, ohne sie Farbe annehmen zu lassen. Weinbrand, Wein und Fischfond zugießen, aufkochen und auf großer Flamme auf ein Viertel einkochen. Pfefferkörner in einem Sieb abspülen, die Hälfte mit einer Gabel zerdrücken und diese mit der Sahne zur Sauce geben und wiederum etwas einkochen lassen. Die restlichen Pfefferkörner zufügen und die Sauce warm halten. In einer Pfanne das Öl erhitzen, die Filets salzen, pfeffern und beidseitig braten, bis der Fisch nicht mehr glasig ist und sich leicht zerteilen lässt. Auf vorgewärmten Tellern anrichten, mit der Sauce übergießen und mit der Petersilie garnieren. Dazu Reis und Karottensalat.

Fruchtiger Karottensalat

- 500 g Karotten
- 1 kleine Dose Mandarinen
- 3 mittelgroße Apfelsinen
- 1 Zitrone
- 1 EL Puderzucker
- 1 Msp. Zimt
- 1 EL Öl

Karotten schälen und fein in eine Schüssel reiben. Mandarinen durch ein Sieb abgießen und zu den Karotten geben, Apfelsinen und die Zitrone auspressen, den Saft mit dem Puderzucker, Zimt und Öl verrühren und über den Salat geben.

Schweinsjungfer im Schlafrock mit Kartoffelgratin

1 Schweinefilet, gleichmäßig dick, also ohne Spitze
80 g Butter
Salz, Pfeffer, Rosmarinpulver
1 Paket tiefgekühlter Blätterteig
300 g frische Champignons
1 EL gehackte Petersilie
4 Scheiben roher Schinken
1 Eigelb

Filet häuten, in der Hälfte der Butter fast fertig braten, mit Salz, Pfeffer und Rosmarin würzen und auskühlen lassen. Blätterteig auftauen und messerrückendick ausrollen. Die Pilze putzen, möglichst nicht waschen, in Scheiben schneiden und in der restlichen Butter mit der Petersilie dünsten, salzen und pfeffern. Den Blätterteig mit dem Schinken belegen, das Filet darauf geben, mit den Pilzen bestreichen und in den Teig wickeln. Die Nahtstelle mit Wasser bestreichen und fest andrücken. Ein Backblech fetten und das Filet mit der Nahtstelle nach unten darauf legen. Aus den Teigresten Verzierungen ausschneiden und das Teigpaket damit dekorieren. Das Eigelb mit etwas Wasser verquirlen und den Blätterteigmantel damit bestreichen. Im auf 175 Grad vorgeheizten Backofen etwa 25 Minuten goldbraun backen. Dazu Kartoffelgratin und Spinat reichen.

Crème Brûlée, gebrannte oder Katalanische Creme

Ergibt 8 Portionen

250 ml Milch
250 ml Schlagsahne
3 ganze Eier
125 g Puderzucker
1 Vanilleschote
8 TL Zucker
Orangenlikör, z. B. Grand Marnier

Milch, Sahne, Eigelb, Puderzucker und Vanillemark in einer Schüssel mit dem Schneebesen gut verrühren. Die Eiermilch in 8 flache, ofenfeste Förmchen gießen und in die mit Wasser gefüllte Fettpfanne des Backofens stellen. Im auf 150 Grad vorgeheizten Backofen etwa 35 Minuten stocken lassen; eine in die Masse gesteckte Messerklinge muss sich sauber wieder herausziehen lassen. Die gestockten Cremes über Nacht in den Kühlschrank stellen. Die Creme-Förmchen vor dem Servieren mit je einem TL Zucker bestreuen und oben im Backofen bei größter Hitze und eingeschaltetem Grill goldbraun überkrusten. Mit dem Likör beträufeln und auftragen.

Toskanisches Menü

Kirschtomaten
mit Kräuter-Käse-Mousse
Als Vorspeise reicht die Menge für 8 Personen = eine Nocke pro Person.

Mousse
100 g Gorgonzola
200 g Mascarpone
50 g gehackte Kräutermischung (Petersilie, Kerbel, Basilikum)
Salz, schwarzer Pfeffer aus der Mühle
1 Prise Cayennepfeffer
125 g Sahne

Salat
20 Kirschtomaten
1 gewürfelte Schalotte
Salz, schwarzer Pfeffer aus der Mühle
1 TL Weinessig
2 EL natives Olivenöl, erste Pressung
30-40 Basilikumblätter

Die Weine dazu
Gewürztraminer Spätlese trocken bis halbtrocken, kräftiger Rivaner trocken bis halbtrocken (als Spätlese oder Auslese - auch im Barrique ausgebaut).

Edeltraud und Klaus Grundstein aus Aspisheim bei Ingelheim kochen gemeinsam und lieben Rheinhessen mindestens ebenso sehr wie die Toskana:

„Wenn das mal gut geht ...!" So wird der Tenor unserer Wein-Freunde gewesen sein, als wir sie zum sommerlich-leichten Menü einluden - diesmal mit dem Hinweis: „Edeltraud und Klaus in der Küche". Hieß das eine Abkehr von den üblichen Zuordnungen: Mann zuständig für die Weinauswahl und den Weinkeller, Frau für die Speisen und somit nur in der Küche und am Herd? Wir waren uns ziemlich sicher, dass das gut gehen müsse, und ein leichtes Aufblitzen in den Augen der Gäste deutet schon früh an: Es wird ein gelungener, genussreicher Abend werden.
So wurde es. Das schönste Kompliment war der Ausspruch eines unserer toskanischen Freunde: „La cena era veramente eccelente, complimento!" (Das Essen war wirklich exzellent, Kompliment!). Beim Verabschieden unserer Gäste, die schon auf unsere nächste Einladung hofften, mussten wir lächeln. Denn wir wussten es schon immer - unser schönes Rheinhessen - ein bisschen „toskanisch" sind wir auch!

Gorgonzola, Mascarpone, Kräuter und Gewürze sehr gründlich mit dem Stabmixer vermischen. Die Sahne steif schlagen und unter die Käsemasse ziehen. Etwa eine Stunde kalt stellen.
Kirschtomaten waschen, halbieren und mit den Schalottenwürfeln vermischen. Salz, Pfeffer und Essig verrühren. Dann das Öl hinzufügen. Anschließend die Tomaten mit der Vinaigrette marinieren. Mit zwei nassen Esslöffeln aus der Käsemasse Nocken formen. Diese auf den Tellern anordnen und mit dem Tomatensalat umlegen. Das Basilikum darauf verteilen.

Dillküchlein mit Räucherlachs

Teig
70 g Mehl
200 ml Milch
1 frisches Ei
1 Prise Salz, weißer und schwarzer Pfeffer
geriebene Muskatnuss
1 Bund Dill
Butterschmalz zum Braten

Füllung
400 g Räucherlachs in Scheiben
8 EL Schmand (saure Sahne extra)

Der Wein dazu
Grauburgunder Spätlese trocken;
herzhafter Rivaner trocken.

Das Mehl mit der Hälfte der Milch in einer Schüssel mit einem Schneebesen glattrühren. Erst dann die restliche Milch, das Ei und die Gewürze darunter rühren. Dill waschen, gut abtupfen, vier Spitzen für die Garnitur beiseite legen und die restlichen fein schneiden. In den Teig geben und alles gut durchrühren. Den Teig mindestens zwei Stunden ruhen lassen. Aus dem Teig in heißem Butterschmalz vier Küchlein mit einem Durchmesser von 20 cm backen. Den Räucherlachs scheibenweise auf die vier Küchlein legen und mit Schmand bestreichen. Jedes Küchlein einzeln so fest wie möglich zusammenrollen. Die Rollen mit einem scharfen Messer schräg in etwa 1 cm dicke Scheiben schneiden, auf Tellern anrichten. Mit gewaschenen Kirschtomaten und Dillspitzen garnieren.

Kalbsmedaillons auf Sahne-Zucchini

½ l Schlagsahne
150 g Crème fraîche
4 Zucchini (ca. 500 g)
50 g Parmesan
1 Bund Basilikum
Salz, weißer Pfeffer aus der Mühle
1 Knoblauchzehe
1 EL heller Saucenbinder (Mondamin, Kartoffel-/ oder Pfeilwurzmehl)
4 Kalbsmedaillons (à 150 g, aus der Mitte des Filets)
20 g Butterschmalz

Die Sahne und 100 g Crème fraîche in einer Pfanne oder einem breiten Topf offen 8–10 Minuten cremig einkochen lassen. Die Zucchini waschen und in dünne Scheiben schneiden (dicke Zucchini erst längs halbieren). Parmesan fein raspeln. Vom Basilikum die Blätter abzupfen, einige beiseite legen, den Rest in nicht zu feine Streifen schneiden. Die eingekochte Sahne mit Salz, Pfeffer und der gepellten, durchgepressten Knoblauchzehe würzen. Die Sahne mit Saucenbindemittel aufkochen, bis sie sehr dick ist, dann beiseite stellen.
Die Kalbsmedaillons von beiden Seiten mit Salz und Pfeffer würzen und im sehr heißen Butterschmalz von jeder Seite 1 Minute scharf anbraten; dann aus der Pfanne nehmen.
Die Zucchini in der Pfanne bei mittlerer Hitze rundum anbraten, mit Salz und Pfeffer würzen. Eingekochte Sahne und Basilikum untermischen.

Toskanisches Menü

Die Weine
Dazu passt ein 3 bis 5 Jahre alter, kräftiger Chianti classico reserva. Oder Zinfandel. Oder folgende trockene Rotweine aus Deutschland: Regent, Dornfelder, Dunkelfelder.

Zucchini in ofenfester Form verteilen. Die Medaillons auf die Sahne-Zucchini setzen und den Parmesan darüber streuen. Restliche Crème fraîche und Basilikumblätter auf dem Parmesan verteilen. Die Medaillons im vorgeheizten Backofen bei 200 Grad (Gas Stufe 3, Umluft 9-12 Minuten bei 200 Grad) auf der zweiten Einschubleiste von oben 10 Minuten überbacken. Dann 2-3 Minuten mit dem Grill überbräunen.

Beeren-Tarte

Mürbeteig
200 g Mehl
125 g kalte Butter
100 ml saure Sahne
1 Prise Salz
2 EL Zucker

Belag
2 Eiweiß
100 g Zucker
100 g gemahlene Mandeln
300 g frische Beeren – wahlweise Himbeeren, Blaubeeren oder andere Beerenfrüchte (notfalls auch tiefgefrorene, aber dann leicht angetaut)

Aus den Zutaten einen Mürbeteig herstellen und etwa eine halbe Stunde im Kühlschrank in Folie verpackt ruhen lassen. Danach den Teig in eine am Boden eingefettete Springform (26 cm) geben und den Rand etwas hochziehen. Den Boden mit der Gabel mehrmals einstechen und bei 200 Grad auf der untersten Schiene im vorgeheizten Backofen ca. 15-20 Minuten vorbacken. Danach den Boden etwas abkühlen lassen.
Die Eiweiß steif schlagen, den Zucker und die Mandeln zugeben, auf den Boden füllen. Die Beeren darüber streuen. Anschließend nochmals bei 200 Grad für ca. 15-20 Minuten backen. Die Beeren-Tarte schmeckt frisch am besten.

Und dazu
Zur Beerentarte schmeckt Kaffee oder edelsüßer Wein. Zum Beispiel, besonders bei dunklen Beeren, eine Dunkelfelder-Beerenauslese oder Spätburgunder Weißherbst-Beerenauslese oder Eiswein; für Liebhaber eines guten französischen Tropfens: Banyuls (aus dem Roussillon).